冰雪故事会

任初轩　编

人民日报出版社
北　京

前　言

为深入学习贯彻习近平总书记“要通过奥林匹克运动和文化传播，讲述中国体育故事、弘扬中华体育精神，加强国际体育交流合作，推动我国同世界各国文明互鉴、民心相通”的重要指示精神，传播“绿色、共享、开放、廉洁”的办奥理念，更好推动冰雪运动发展，让广大群众参与冰雪运动，人民日报出版社特策划出版《冰雪故事会》一书。

《冰雪故事会》依据北京冬奥会15个比赛项目组织编选，详细介绍了每个冰雪项目的起源、发展、规则，以及北京冬奥会奖牌情况等知识，生动讲述冬奥会故事。

《新体育》杂志总编辑李央对本书进行了审读，提出了许多宝贵意见，在此深表感谢。由于时间仓促，本书编选过程中，难免挂一漏万，请广大读者指正。

2021年12月

目录

01

北欧两项

北欧两项小百科

小百科

北欧两项（Nordic Combined）起源于挪威、芬兰和瑞典等北欧国家，故又称北欧全能，是由跳台滑雪和越野滑雪组成的混合比赛项目。起初，跳台滑雪和越野滑雪的比赛分别进行，但许多选手会同时参加两项比赛，最后主办者索性将两项比赛放在一起进行。在中国，为与其他冬季全能运动项目相区别，将项目名称定为“北欧两项”。北欧两项是目前为止冬奥会上唯一一个只设男子比赛的项目，要求运动员既有快速越野滑行的能力，又具备精确的身体姿态控制能力和突出的跳跃能力。

北欧两项在1883年被列入挪威霍尔门科伦滑雪大奖赛项目，20世纪初逐渐向世界推广。在1924年第一届冬季奥运会上，北欧两项就被列入正式比赛项目。从1988年加拿大卡尔加里冬季奥运会开始，增设了男子团体赛项目。

北欧两项的主要规则与跳台滑雪和越野滑雪单项比赛的规则相同，越野滑雪全部采用自由技术。

个人赛首先根据抽签或积分排名顺序进行跳台滑雪比赛。跳台滑雪的分数决定运动员越野滑雪比赛出发顺序和间隔时间，每落后1分，推迟4秒钟出发，按到达终点的先后排

小百科

列名次。

团体赛每队出4名队员，依出场顺序分别佩戴红、绿、黄、蓝号码布，不可更改。比赛先比跳台滑雪，后比越野滑雪。越野滑雪举行接力赛，第一位运动员出发顺序和间隔时间由跳台滑雪全队总分决定，每落后1分，推迟1.33秒出发。第二、第三和第四名运动员在接力区等候，成功交接后再出发，第四位运动员到达终点的顺序决定各队名次，先到者夺冠。

北京2022年冬奥会北欧两项比赛，将在张家口赛区的国家跳台滑雪中心和国家越野滑雪中心进行，共产生3枚金牌，分别为：男子个人-跳台滑雪标准台+越野滑雪10公里，男子个人-跳台滑雪大跳台+越野滑雪10公里，男子团体-跳台滑雪大跳台+越野滑雪4×5公里接力。

（来源：《人民日报》、人民网、北京冬奥组委官网）

冰雪故事

北欧两项和中国“第一人”赵嘉文

历经三年集训，几乎从零开始的中国北欧两项队终于在北京冬奥会开始前实现零的突破，20岁的赵嘉文，将在北京实现北欧两项首秀。

北欧的冬季寒冷而漫长，冰雪覆盖，给冬季运动提供绝佳的条件，并孕育出独特的滑雪运动。北欧两项就是其中之一。

北欧两项中的两个运动，分别是越野滑雪和跳台滑雪。事实上，对于来自挪威和瑞典等地区的北欧人而言，滑雪不仅是一项运动，而且曾是生活的必备技能。以前，不管去市集，还是走亲访友，人们都需要靠滑雪板出行，而北欧地区的地形复杂，有平原也有山区，时常需要翻山越岭，或是穿越荒原，北欧两项正是慢慢由此演化而来。

滑雪的英语“Ski”由古挪威语“Skid”演化而来，大意是小段的木头，也是古时挪威人使用的滑雪板。

逐渐地，滑雪成为北欧人一项重要的业余活动，除了更为实用的越野滑雪外，还有更具难度的跳台滑雪。在19世纪著名的挪威霍尔门科伦滑雪节上，将越野和跳台滑雪结合的北欧两项第一次出现在世人面前。

北欧两项初期被称作北欧全能，率先在北欧的几个国家流行起来，并吸引越来越多的国际选手参赛。20世纪20年代，时任挪威王储的奥拉夫五世曾在霍尔门科伦滑雪节上参与这个项目。

1924年，北欧两项被正式纳入冬奥会，并在同年举行的第一届法国夏蒙尼冬奥会上亮相。在1988年卡尔加里冬奥会上，又增设了团体项目。

作为项目起源地，挪威自然是北欧两项当仁不让的王者。自首届冬奥会以来，挪威运动员已获得37枚金牌中的13枚。

北欧两项对于中国人来说，还是一项非常新的运动，有的人可能连听都没有听说过。中国北欧两项国家队是在2017年正式建立的。北欧两项中的两个项目，越野滑雪和跳台滑雪是两个差距较大的运动，前者需要强健的体魄，才能支持高强度的滑行；而后者需要纤细的身形，才能飞得够远。所以，如何能够在这两者之间找到平衡，是运动员面临的挑战。如今，中国北欧两项国家集训队有9名运动员，他们大部分是从越野滑雪项目转过来的，因此跳台滑雪是队员的短板，但通过训练，也可以让队员的成绩实现大幅提升。

可想而知，从头练习高难度的跳台滑雪谈何容易。中国北欧两项国家集训队主教练、芬兰籍的托皮说，没有人相信跳台滑雪可以从零基础开始，然后在短短一两年的时间，运动员就可以跳140米的大跳台了，但在中国我们做到了。

在距离2022年北京冬奥会召开还有两个多月的时候，当地时间11月26日，在下塔吉尔举行的国际雪联北欧两项洲际杯比赛中，中国队员赵嘉文排在男子个人跳台滑雪标准台/越野滑雪10公里项目中的第22位，获得了参加北京冬奥会的资格，这也是中国选手首次获得北欧两项冬奥会的参赛资格。

这是中国北欧两项国家队组建3年多来，首次参加国际比赛，20岁的赵嘉文为中国北欧两项运动书写了新的历史。

（来源：国际奥委会官方网站）

北欧两项比赛场馆——“雪如意”

国家跳台滑雪中心将承担北京冬奥会跳台滑雪、北欧两项的比赛。

国家跳台滑雪中心是我国首座符合国际标准的跳台滑雪场地。跳台剖面因与中国传统吉祥饰物“如意”的S形曲线契合，因此被形象地称为“雪如意”。

国家跳台滑雪中心是张家口赛区冬奥场馆建设工程量最大、技术难度最高的竞赛场馆，由顶峰俱乐部、出发区、滑道区、看台区组成。场馆顶部最高点与底部地面的落差达到160多米，整个工程架于自然山谷之间，施工难度可想而知。

站在滑道上方的平台向下望，不禁让人感到“惊险”。“雪如意”滑道分为HS140大跳台和HS106标准跳台，HS140大跳台长度110米、落差135米，HS106标准跳台长度106米、落差115米。

“雪如意”造型的顶部就是顶峰俱乐部，是直径近80米的环形建筑，最大出挑近40米，采用预应力钢桁架结构体系，双层网壳结构，四周均为悬挑结构，悬挑最大长度约为37米，用钢量多达2000吨。

站在顶峰俱乐部上，张家口赛区的美景尽收眼底。“雪如意”充分考虑到赛后利用问题，未来，顶峰俱乐部有望变身360度瞰景餐厅，打造集梦幻与浪漫的高档休闲区。而滑道区和看台区除了为专业滑雪爱好者提供专业的跳台滑雪展示或培训外，也将增设大众滑雪场地。

（来源：人民网，2021 年 4 月 21 日）

02

冰壶

冰壶小百科

小百科

冰壶（Curling）又称掷冰壶、冰上溜石，是以队为单位在冰上进行的一种投掷性竞赛项目。运动中，团队要采取的行动策略与下棋有点相似——不仅要考虑自己该怎么做，还要充分考虑对手的反应，因此冰壶被人们生动地称为“冰上的国际象棋”。

冰壶14世纪起源于苏格兰。18世纪传入北美。最早的冰壶运动是在冬天结冰的池堤或江河上开展的一种游戏，出现后深受人们喜爱，经过漫长的发展演变，成为现在的冰壶运动。

1795年，第一个冰壶俱乐部在苏格兰创立，1838年，苏格兰冰壶俱乐部制定第一个正式的比赛规则。1807年，冰壶运动传入加拿大，1820年，冰壶在美国等地流行。从此，冰壶作为一项冬季运动在欧洲和北美逐渐开展起来。20世纪初，通过加拿大冰壶爱好者的努力，这项运动的比赛规则和方法更加完善，比赛也由室外逐渐移入室内。1927年，加拿大举行了首次全国冰壶比赛。首届世界冰壶锦标赛始于1959年，最初被称为苏格兰威士忌杯赛，1968年改称加拿大银扫帚锦标赛，1986年正式定名为世界冰壶锦标赛。

小百科

1924年，冰壶首次以表演项目的形式在冬奥会上亮相。1966年，国际冰壶联合会成立；1991年，改为世界冰壶联合会，并获得国际奥委会的承认。冰壶于1924年、1932年、1936年、1964年、1968年、1992年6次被列为冬奥会表演项目。1993年，国际奥委会决定，从1998年开始，将冰壶列为冬奥会正式比赛项目。在亚洲，冰壶从第五届亚冬会开始列为正式比赛项目。中国女子冰壶队曾经在2009年世锦赛上夺得冠军，创造了历史。

冰壶由壶体、手柄和螺栓组成，直径不到30厘米，重量近20公斤。冰壶标准场地长45.72米，宽5米。冬奥会赛场设4条赛道，冰面温度控制在零下8.5摄氏度。为减小冰壶与冰面的摩擦，比赛前要在冰面上均匀喷洒水珠，形成点状麻面。双方各4人登场，分一垒、二垒、三垒和四垒顺序交叉投壶。共10局比赛，得分多者获胜。运动员借助起蹬器发力滑行，两脚鞋底的结构不同，便于在滑行与制动间切换。至前掷线时，运动员必须投出冰壶。

旋转手柄可以改变冰壶的运行轨迹，用冰刷扫冰能够控制冰壶的方向和速度。扫冰考验运动员的爆发力和耐力。通

小百科

常在一场比赛中，每队的主扫冰手会进行60多次扫冰，当冰壶越过T线，双方均可以有一名队员为对方冰壶扫冰，破坏对方战术。

混合双人冰壶是新兴项目，预先放置定位壶增加了比赛的难度，每队有 5 只冰壶，投第一壶的队员也必须投最后一只壶。每局结束，营内壶比对方更接近圆心的一方得分，每壶得一分。

北京2022年冬奥会冰壶项目共将产生3枚金牌，分别为男子冰壶、女子冰壶和混合双人冰壶。

（来源：《人民日报》、人民网、北京冬奥组委官网）

冰雪故事

王冰玉：我是时代幸运儿

冰清玉洁王冰玉，一片冰心在玉壶——唐朝诗人王昌龄肯定不会想到，在他创作《芙蓉楼送辛渐》1200多年后，一位名叫王冰玉的女运动员以其清秀、纯美、睿智的形象，和对运动事业的忠心、热忱，被网友们赠予了这首诗的改编版。

两行诗，14个字，恰如其分地展现了前中国女子冰壶队队长王冰玉的身份、形象和个性特点。

可以说，冰壶运动在中国，因为王冰玉和她所在的那支中国女子冰壶队才迅速家喻户晓，她为自己受到的这份厚爱而感恩。因此，王冰玉特意选择2018年11月22日感恩节这一天，正式通过个人社交媒体宣布自己退役的消息，以示自己的感激之情。

虽然已经离开冰壶赛场，但身处中国将举办2022年北京冬奥会这个时代背景下的王冰玉，又幸运地成为北京冬奥组委的一名工作人员，分管冰壶项目。3年后在“水立方”，王冰玉将以另一个角色继续追寻奥运梦想。

有人说，是王冰玉成就了原本在中国极其冷门的冰壶运动，但在王冰玉看来，成全自己也成就中国冰壶的，其实正是这个时代。

角色不同，梦想相同

2018年12月底，在王冰玉宣布自己退役一个月后，记者在北京冬奥组委见到了已不再是中国女子冰壶队队长、而成为一名普通工作人员的王冰玉。皮鞋、公文包、一身深色正装……与昔日赛场上的“运动风”相比，如今的王冰玉少了一些飒爽，多了几分精明、干练。

在北京冬奥组委体育部的办公区内，王冰玉的工位紧靠窗边，可以远眺首钢园区的宏伟，但繁忙的工作让她几乎无暇欣赏一下窗外的风景。

一年前的这个时候，王冰玉还在迎接平昌冬奥会的最后备战；一年后的今天，王冰玉要考虑的都是如何保障好2022年北京冬奥会冰壶赛事的圆满完成。

如此的角色转变，对于18年来一直做运动员的王冰玉也是不容易的。她回忆，“从平昌奥运会回来之后，也想过要不要打2022，也想过是不是还要再坚持。”但王冰玉清楚，那不是单纯地喊一句口号“我要打2022”这么简单的事情，而是要明白，“这4年当中你需要经历些什么，包括在2022年北京冬奥会上我们的目标、我们的责任是什么？所以，你会一直纠结怎样去打2022，包括可能是做运动员，还是作为教练员，或是作为一名工作人员。”

平昌冬奥会落幕之后，冬奥周期进入了北京时间，北京冬奥会的各项筹办工作已经全面开始，但冰壶这一块还缺少相应的人才去开展工作。王冰玉显然是统筹管理这项工作的最佳人选。

但她在一开始不敢接受这个挑战。王冰玉说，自己是从做运动员过来的，特别清楚奥运会对运动员、对教练员、对一个国家的意义是什么。因此冬奥会冰壶项目的保障工作事关重大，不是一个只懂冰壶技术的人就能胜任的，“可能提到冰壶大家就会想起王冰玉，但是那个王冰玉更了解的是冰壶技战术，并不了解如何去筹办一场比赛。所以换了一个身份之后，其实是脱离了自己的舒适圈，所以我会觉得害怕、紧张。”

但是王冰玉最终还是决定接受这个挑战，“我愿意去做，愿意去尝试，因为我觉得只要跟冰壶有关系的事情，我都愿意去做，我觉得我这辈子可能跟冰壶都撇不开关系了。”

从2018年8月到北京冬奥组委工作，直到11月才正式对外宣布自己退役的消息，这期间，王冰玉一方面在逐步适应新的角色，每天都有新的学习、新的收获；另一方面她也是希望低调处理自己退役这件事，毕竟从内心来说，对运动员生涯还有着百般不舍。

18年的冰壶运动员生涯、18年在冰壶赛场上的荣辱成败，当真的与它挥手告别的时候，只有当事人才能深切感受到那种痛苦，这是被王冰玉称为“生离死别”的痛苦，是她不愿去一遍遍体味的痛苦。王冰玉宣布退役后，“粉丝”之间流传着一份王冰玉签署运动员退役书时的签名，看起来字迹并不工整，像是一只颤抖的手书写的字。王冰玉澄清说，这是大家的一个误解，因为当时是签的电子签名，确实不太容易写工整。但如果当时真的是在纸上签名，王冰玉说自己也很可能会双手发抖，“因为那一刻对我来说，知道写下的那15笔（王冰玉名字的笔画数是15笔）代表的是什么。代表你告别了一个时代，告别了你挚爱的一段生涯。”

其实，从王冰玉的内心来说，确实考虑过再战4年，她知道“那一定是所有运动员的梦想，作为东道主选手，站在赛场上为国家而战，那一定是至高无上的荣耀”。但王冰玉此生可能注定将留下一个遗憾——在家门口举办的第一次冬奥会上，她不能以运动员的身份出战。

不过，王冰玉也想到，“如果同样的你，能站在另外一个角度，能同样为北京2022年冬奥会尽一份力，去交出另外一份答卷，也是挺好的。”

时代的幸运儿

王冰玉是中国最早从事冰壶运动的人之一，是中国第一批冰壶国家队运动员，也是迄今为止创造了中国冰壶世界大赛最佳成绩的运动员之一。

她称自己是一个幸运儿。

是中国冰雪运动发展的大时代给了王冰玉这个幸运。

许海峰在1984年洛杉矶奥运会上为中国实现了奥运金牌零的突破，以至于很多国人都以为在国际奥委会于1979年恢复中国的合法地位之后，1984年洛杉矶奥运会是中国首次参加的奥运会。其实，早在1980年的美国普莱西德湖冬奥会上，中国代表团就已经重新回到奥运赛场。但是中国冬季运动项目的实力远不如夏季项目，当中国代表团在重新参加夏季奥运会就实现金牌零的突破时，中国在冬奥会上的金牌突破却等待了22年。

2000年，16岁的王冰玉初中毕业，她在假期第一次接触到冰壶。彼时的中国，距离大杨扬首夺冬奥会金牌还有两年，为了扩大中国冰雪项目的夺金面，较为适合亚洲人参与的冰壶运动从日本引进到中国。但当时，冰壶也尚未走向大众，王冰玉借着自己出身于体育世家的优势，才有机会接触到冰壶。王冰玉回忆，“自己去体验了之后，就觉得很喜欢。喜欢推着冰壶滑行，喜欢石头和石头的那种撞击。再加上回到学校之后跟同学说我练了一种叫冰壶的运动，然后他们都不知道冰壶是什么，那个年纪你就会觉得自己很厉害、很牛，就好像练了绝世武功一样。然后就一路坚持了下来。”

王冰玉的父亲曾是中国最优秀的冰球运动员之一，参加过1981年在北京举行的男子冰球世锦赛C组比赛，当时中国男子冰球队以顽强拼搏的精神连克强敌，最终实现升组。在那个刚刚开始改革开放、全国人民正以极大热情建设美好新生活的时代，受到中国男子冰球队员的感染，首都大学生喊出了“振兴中华”的口号。王冰玉从小就从父亲那得到教育，“听着他的故事，就觉得作为一名运动员，能代表国家去比赛，那个感觉真是不一样的，是任何事情都替代不了的。”

王冰玉其实从来没有正经练过什么体育项目，父母也没想过把她培养为运动员，但王冰玉觉得冥冥中可能就有这种机缘，自己偶然接触到冰壶，喜欢上冰壶，并决定要成为一名专业运动员。母亲起先强烈反对，但最终还是选择了让步，王冰玉就这样成为中国第一批冰壶专业运动员。

一旦入了行，王冰玉才知道自己的责任重大。

冰壶毕竟是在“奥运争光”战略下被引进到中国，因此成绩是这个项目能否存在下去的唯一依据。如果在一定时间里没有成绩上的起色，冰壶项目也很可能被砍掉。王冰玉回忆，那时，感觉每次和队友们出国比赛，都跟这个项目的生死存亡联系在一起。因为冰壶当时在中国是一个新兴项目，大家都希望看到它的前景、突破，如果一直没有什么好成绩来表示它有发展前景，这个项目很可能就不搞了。“所以每次都觉得，自己身上的担子不是单纯来自喜欢一个项目，更多的是要为它的生存、它的兴衰荣辱而战。”

这种肩负重任的经历，在王冰玉看来，加速培养起队员们的责任感、荣誉感。

不过，对中国冰壶来说，成长的代价也是必须付出的。2003年，中国女子冰壶国家队成立，王冰玉与周妍、柳荫、岳清爽都还是20岁上下的年轻姑娘，却在加拿大被上了年纪的业余选手打得落花流水。在队伍成立初期，每一次惨痛的失利，都化作了队员们更加努力的动力。年轻，同样也是王冰玉与队友们的最大资本，她们可以每天训练十几个小时、全身心地扑在冰壶运动上。

功夫不负有心人，中国女子冰壶队以超乎寻常的速度成长着。

2006年都灵冬奥会上，同样以“奥运争光”为使命的中国自由式滑雪空中技巧队创造奇迹，韩晓鹏勇夺男子项目冠军，实现了中国在雪上项目上奥运金牌零的突破，他也成为中国第一位男子冬奥冠军。

中国女子冰壶队也在短短5年里从业余水平迅速提高至世界顶级水平。2008年，王冰玉与队友们夺得世锦赛亚军，次年，她们就在韩国登上了世界冠军宝座。

现在已经很难再去分析，究竟是因为当时中国女队的成绩显著，一步步挺进半决赛、决赛，还是因为那一届世锦赛在韩国举行，电视转播几乎没有时差影响，总之央视全程直播了中国女队的半决赛、决赛。这对于当时在中国还属于极度冷门的冰壶项目来说，本身就是一大奇迹。

中国女子冰壶队抓住了这千载难逢的机会，给全国亿万观众留下了深刻的印象。尤其是队长王冰玉，清秀、纯洁、睿智的形象恰如“冰玉”其名，加上她在中国队与瑞典队决赛的最后时刻掷出技惊四座的一记“双飞”，为中国队夺冠立下头功。这位有勇有谋、秀外慧中的“冰玉姑娘”一夜间成为亿万国人心中的女神。

至此，中国冰壶在舆论中摆脱了“冷门”地位。而在中国冰雪运动的奥运备战体系内，女子冰壶也成为夺金点之一，再也不用担心生死存亡的问题。

从2010年温哥华冬奥会，王冰玉与中国女子冰壶队的首次奥运之旅，到2018年的平昌冬奥会，王冰玉已经成为奥运会的“三朝元老”——但温哥华那次，是她终生难忘的记忆。在温哥华，被视为是中国夺金点之一的女子冰壶，最终虽未夺冠，但夺得铜牌的成绩足以载入中国冰雪运动史册。

回想起来，18年的运动员生涯，参加过大大小小无数的比赛，但在王冰玉心里，唯有这枚铜牌最珍贵，“虽然它是铜色，可能没有金色那么灿烂，但我觉得它还是独一无二的。那是我的第一次奥运会，我的第一块奥运奖牌。现在想起来都是很难忘的经历——到奥运村里一切都是那么新鲜，我们击败了加拿大队，与美国队比赛时量壶量了两次、赢了日本队，与德国队发生的趣事……现在回想起来都依然历历在目。我觉得对于很多人来说奥运会都是独一无二的。”

面对这些成绩，王冰玉感叹自己幸运。“通过努力得到了回报、拿到了世锦赛冠军、拿到了奥运会的第三。有了这些成绩上的突破，我才被大家所知晓。但是其实在中国、在世界上，还有太多的运动员，他们的付出并不比我少，但是他们并没有被众人所熟知，他们的付出和回报，我觉得可能真的没有成正比。同样的训练、同样都是离开家人，他们为了实现自己的奥运梦想，参加过四次甚至更多次奥运会，他们可能也没有拿过奥运会奖牌，但是他们一直在路上、一直在追求着。相比之下，我觉得自己是很幸运的那一个。”

希望有更多的王冰玉出现

到2018年参加平昌冬奥会时，王冰玉已经身为人母，这是10年前的她根本无法理解的身份。不仅自己成了妈妈级选手，连做了十几年队友的周妍也是这样。

2016年3月，王冰玉不得不与还不满周岁的女儿分开，开始备战2018年平昌冬奥会。作为中国女子冰壶的旗帜人物，王冰玉的回归不仅提升了中国女队的实力，也让冰壶项目又有了更高的舆论关注度。但对王冰玉来说，回归的过程伴随着巨大的付出和内心的煎熬，这让她必须在家庭与奥运梦想的选择中懂得如何做到专注。

那段时间，王冰玉错过了太多与女儿成长的相伴。这段经历，虽然是王冰玉理性思考后的选择，但每每回想于此，王冰玉依然难以掩饰一位母亲的遗憾和悲伤。

在从运动员转型为运动项目的管理者之后，王冰玉更多地开始思考运动项目的发展规划，自己作为妈妈级选手所受过的心灵煎熬自然不会回避，“如果国家队开始慢慢针对妈妈级的运动员有了一些新的途径或者管理方法的话，那说不定以后会有更多的优秀的运动员，即使到了妈妈级、爸爸级，他们依然可以回到国家队，依然可以为了他所喜欢的竞技体育去努力和奋斗。所以，我觉得我的这段经历也是值得的，为后面的运动员去探出一条路子。”

2022年北京冬奥会正在一步步走近，对中国冰壶来说，很多人都担心，在王冰玉退役之后，中国女子冰壶再出现一个明星人物和一波发展高潮不知要等到什么时候。王冰玉不希望冰壶只有自己一人，应该有更多的“王冰玉”出现，“我始终觉得如果一个运动项目只有一个人物或者一支队伍的话，这个项目的发展也是很可悲的，或者可能只是昙花一现。所以，我希望人们记住我，但我更希望人们不只是记住我，还能熟知更多的冰壶队员、更多的赛事、更多的脸孔。”

2022年北京冬奥会给了中国冰雪项目一个难得的发展机遇，包括冰壶在内，中国冰雪项目在人才选拔、梯队建设等方面都加大力度。随着人才的增加，整个冰雪项目都有望涌现更多的优秀选手，王冰玉期盼在冰壶领域诞生新的标杆人物。

“三亿人上冰雪”的目标也在逐步变为现实，这是包括冰壶在内，中国冰雪项目真正赢得生命力的基础。王冰玉本身就是很好的冰壶运动推广代言人，“一个运动项目能真正做好，不应该只有竞技体育，它应该向大众推广。”但是，王冰玉希望大家更多的是感受冰壶运动的魅力，而不是她的魅力，“希望大家喜欢冰壶并不是因为我们拿过多好的成绩，而是这个项目本身有魅力。我相信，只要大家去体验，或者说是能真正接触冰壶，很多人都会喜欢上这个项目。”

在北京2022年冬奥会的背景下，近几年国内掀起了冰雪场地设施的建设热潮，随着面向大众的冰壶场地从无到有、逐步增多，冰壶运动从“高冷”走向亲民也有望成为现实。过去10年，王冰玉已经为中国冰壶做了最好的广告，现在是时候让更多的人走上冰场，亲自感受一下真正的冰壶了。

（来源：《中国青年报》2019年1月8日）

“水立方”变身“冰立方”

得益于2008年北京奥运会留下的丰富遗产，北京2022年冬奥会和冬残奥会期间，一批奥运老场馆利用科技和创新手段华丽转身。国家游泳中心“水立方”就是其中之一。

作为2008年北京奥运会标志性场馆，“水立方”承担了游泳、跳水、花样游泳等水上比赛项目。2019年，该场馆首次完成游泳池与冰场的转换。北京冬奥会和冬残奥会期间，这里将承接冰壶和轮椅冰壶比赛项目。

熟悉的泳池不见了，取而代之的是4条洁白的冰壶赛道。2021年10月，“相约北京”国内冰壶测试活动和“相约北京·昆泰”2021年世界轮椅冰壶锦标赛相继在国家游泳中心“冰立方”精彩举办。

在游泳池里打冰壶比赛，奥运史上没有先例。据北京市重大项目办城区场馆建设处处长黄晖介绍，国家游泳中心改造涉及建筑、结构、防水、膜维修等工程领域，约70个独立施工区，5万平方米改造面积。改造过程中最大的难点，是要在保有“水立方”水上功能的基础上，新增冰上功能的“水冰转换”。

所谓“水冰转换”，就是在比赛大厅中部通过搭建可转换结构和安装可拆装制冰系统，形成具有4条标准赛道的冰壶场地。这种转换模式，不仅实现了“水立方”与“冰立方”互换，而且实现了转换材料重复利用，大幅降低后期拆除改造成本。

如何保证比赛用冰不融化，观赛群众不寒冷，这又涉及“水立方”场馆改造的另一大难点——赛场温度分区控制。

国家游泳中心对比赛大厅一层和池岸层的出入口进行物理改造，增加室内外空气隔离设施，并封堵了屋顶膜结构和墙面板之间的缝隙。全新的群智能系统，好比人的大脑神经中枢，将根据场馆内温湿度、声光环境的变化，适时调节场馆内相关设备运行，以满足赛场需要。

通过一系列措施，冰壶场馆比赛大厅将确保在任何热负荷条件下，冰壶赛道冰面温度达到零下8.5摄氏度，冰面以上1.5米处温度保持在10摄氏度，相对湿度不超过30%，看台温度16—18摄氏度。这既满足冰壶比赛环境需要，又为观众营造舒适的观赛环境。

国家游泳中心由“水立方”改造成“冰立方”后，比赛大厅将具备冰上赛事、水上赛事及大型商业活动的承办条件。赛后，场馆将在游泳季和冰上季之间不断切换，春夏秋三个季节将成为“水立方”，用于开展水上运动；冬季则变身为“冰立方”，用于开展冰上运动。

（来源：《经济日报》2021 年 11 月 15 日）

03 冰球

冰球小百科

冰雪故事

顶级冰球赛事是这样炼成的

少年冰球梦　助燃冬奥情

冰球小百科

小百科

冰球（Ice Hockey）的起源有不同的说法。一种说法是，冰球由地面上的曲棍球演变而来，因此冰球也叫“冰上曲棍球”。

还有一种说法认为，冰球运动起源于19世纪五六十年代的加拿大。1855年，加拿大金斯顿流行一种冰上游戏，参加者脚上绑着冰刀，手持曲棍，在冰封的湖面上，追逐打击用圆木片制成的圆球。他们用两根竖起的木杆作为球门，得分方式为把球击进球门。这种游戏就是现代冰球运动的前身。

1875年3月3日，加拿大蒙特利尔的维多利亚冰场举办第一次正式冰球赛，比赛在麦克吉尔大学的两支队伍间进行。当时，每支球队有30名队员在场上。1879年，加拿大麦克吉尔大学的史密斯教授和学生罗伯逊共同制定了冰球比赛规则，规定每队比赛人数为9人。1890年加拿大成立安大略冰球协会，这是世界上第一个冰球协会组织。1893年加拿大冰球队首次赴美表演。1902年，欧洲第一个冰球俱乐部在瑞士的莱萨旺成立。1908年，国际冰球联盟在巴黎成立，现已改名为国际冰球联合会，总部设在瑞士苏黎世。1910年第1届欧洲冰球锦标赛举行，英国获得冠军。1912年，加拿大国家冰球协会首创6人制打法，并被国际冰联沿用至今。

小百科

冰球在1920年第7届奥林匹克运动会上被列为正式比赛项目。从1924年开始，冬、夏季奥运会分开举行，冰球遂成为冬季奥运会的主要项目之一。

冰球比赛每支球队最多有20名球员和2名守门员参赛。比赛时，每队最多可有6名队员同时上场，对应的6个位置分别是：左边锋、中锋、右边锋、左后卫、右后卫和守门员。进行冰球比赛时，球员穿冰刀滑行，试图将冰球射入对方球门。

球员在比赛中需要穿戴专业的防护装备，包括头盔、护目镜、护颈、护胸、护肘、防摔裤、护膝、护腿、手套和统一的比赛服。女子队员和18岁以下的队员需要佩戴全护面罩，20岁以下的队员必须戴护齿。守门员有专门的装备，以避免运动损伤。值得说明的是，男子冰球比赛允许合理的身体冲撞，女子冰球比赛不允许身体冲撞。

在比赛中，队员要在规则允许的范围内完成各种技战术的实施，如果球队或队员出现犯规情况，场内裁判员将视情况给予小罚、队小罚、双重小罚、大罚、违例、严重违例、停赛、任意球等不同程度的处罚。

小百科

冬奥会冰球比赛，每场分为3局，每局20分钟，局间休息15分钟。根据国际冰联运动条例，60分钟常规比赛时间结束时，如两队比分相同，将进行5分钟、10分钟或20分钟的加时赛。加时赛均采用“突然胜利法”，首先得分的球队获得胜利。除了争夺金牌的比赛，如果加时赛结束双方仍然平局，采用“射门比赛”的方式分出胜负。具体规则为：双方各出5名队员，交替罚球，每名队员不能重复罚球；如果每队5人罚球后仍未分出胜负，将采用1对1的射门比赛，直至分出胜负。争夺金牌的比赛中，如果加时赛结束双方仍然平局，将通过多轮次的20分钟加时赛决出胜负。

北京2022年冬奥会冰球项目将产生男子冰球和女子冰球2枚金牌。

（来源：《人民日报》、人民网、北京冬奥组委官网）

冰雪故事

顶级冰球赛事是这样炼成的

2015年7月，北京联合张家口获得2022年冬奥会举办权，中国冰雪运动迎来了发展契机。而作为新时代战略合作伙伴的中国和俄罗斯两国，在冬奥会备战和冰雪运动发展中，达成了众多共识与切实合作，冰雪竞技和群众冰雪运动掀起阵阵热潮。

大陆冰球联赛(KHL)是与北美冰球联赛(NHL)齐名、横跨欧亚大陆的世界顶级冰球职业联赛。24支加盟俱乐部遍布俄罗斯、芬兰、白俄罗斯、拉脱维亚、哈萨克斯坦和中国6个国家。作为KHL的中国俱乐部代表，北京昆仑鸿星冰球俱乐部已经在联赛中征战了4个赛季。KHL的精彩赛事，不仅让无数中国观众感受到高水平冰球赛事的魅力，也搭建起“一带一路”参与国家冰雪运动文化交流的桥梁。2017年，国家体育总局冬季运动管理中心、中国冰球协会与昆仑鸿星俱乐部共建成立“国家俱乐部”。

中国冰球运动起步晚、底子薄，与世界冰球运动强国相比还有很大差距。KHL的冰雪运动发展经验与冰雪体育文化有很多值得我们借鉴的地方。

在大陆冰球联赛中，绝大多数俱乐部都有完备的梯队建设，从二线队到青年队，再到U16、U14、U12等全年龄段少年队，其培养思路一以贯之。俱乐部间不同风格彼此碰撞，俄罗斯、芬兰等国家高水平运动员人才辈出，夯实了在世界大赛中摘金夺银的雄厚基础。在中国，很多青少年运动员都会在12岁到14岁之间面临着学业与冰球的艰难选择，在缺乏职业体系的环境中，青少年运动员的发展途径和上升通道便是无本之木。

高水平职业赛事对相关产业的带动效果显著。除了竞赛表演业、相关装备制造业、培训业之外，职业球队的衣食住行更是带动了一众产业的发展。例如，每支职业冰球队出征客场比赛的装备约重1.8吨，返程的时候还会再重一些，约达2吨(除了各种服装和护具外，还有球衣上浸透着比赛中来不及晾干的汗水以及球场上冰碴融化的水)。在俄罗斯，有专门面向冰球俱乐部的服务公司，从预订酒店、包机，再到行李及装备托运、场馆服务、运动营养等，实现了点对点、精细化的服务覆盖。冰球如此，其他的冰雪运动也有非常专业的服务机构。

作为冰球运动老牌强国，俄罗斯、芬兰等国家形成了历史悠久、风格各异的冰球运动文化。例如，俄罗斯久负盛名、底蕴深厚的圣彼得堡陆军队(SKA)主场，完全被深蓝色所包围，主队席后方的铁杆球迷区挥舞着二三十面旗帜。每隔5分钟，现场就会激起一阵由球迷带动的呐喊，一直持续到比赛结束。此外，在2008年北京奥运会上首次出现的纸质助威扇，广泛应用在KHL的赛场上。比赛时，球迷手中的助威扇上下翻飞，整齐划一地敲击，烘托着冰球场内的高涨情绪。赛场里的每个细节，共同造就了一场精彩的赛事。在国内，随着昆仑鸿星等职业球队的发展，冰球文化也在逐步形成，了解冰球、热爱冰球的群众越来越多。

高水平冰球职业联赛为中国冰球运动的发展提供了高远目标与发展助力，无论是冬奥备战、竞技发展，还是群众冰雪体育文化建设，都从中获益。借北京冬奥东风，期待冰球这个冬奥会中唯一的集体对抗性项目能够完成职业化建设，成为中国人体育生活中的重要内容。

（来源：人民网，2020年1月22日）

少年冰球梦　助燃冬奥情

冬日周末，北京星宏奥冰上运动发展中心冰球馆，标准尺寸的场地被一分为二，同时上演两场比赛。场上的主角是一群身高一米出头的冰球小将，面容稚嫩，动作却有板有眼。

这是第十四届北京市青少年冰球俱乐部联赛（以下简称俱乐部联赛）低年龄组比赛的常见景象。本届比赛首次在6—8岁的3个年龄组全部采用小场地比赛的形式，并使用小球门和轻量化冰球，从而与国际青少年冰球培养模式进一步接轨。在一点一滴的改进中，这项赛事已经成为北京冰球少年驰骋冰面的梦想舞台。

办赛事，厚植运动土壤

俱乐部联赛创立之初，只有4支球队、60多名球员，经过十几年的发展，如今成为亚洲地区规模最大、时间跨度最长的青少年冰球赛事。本届比赛共有26家冰球俱乐部参与，年龄跨度为6—18岁，参赛队伍256支、小球员近3600人。

目前在协会注册的冰球运动员达到了4000人，保守估计，在北京长期参与冰球运动的人数将达到8000人以上。

经过多年深耕，俱乐部联赛已成为重要的冰球人才培养渠道，为北京市青少年冰球队及各级国家队输送了大量人才。近4年的全国青少年（中小学生）U系列冰球锦标赛中，北京队共取得12金、5银、2铜的优异成绩。2019年第二届全国青年运动会上，北京队包揽了男子组别的全部3枚金牌，女子两组别分获1金1银。

北京冰球协会工作人员回忆，自己最感动的一幕出现在2020年全国冰球锦标赛男子组的决赛现场，北京队第一次战胜东北地区的球队，获得金牌。“北京冰球队从无到有、从弱到强，能最终拿到冠军，我看着这批队员经过联赛的历练，从小孩成长为优秀运动员，只有一路陪伴的人才能明白其中的不容易。”2021年，北京队又在这项赛事中成功卫冕，证明好成绩并非偶然，也表明拥有强大的后备力量和完整的联赛作为支撑，项目取得突破终会水到渠成。

迎冬奥，助推参与热情

12岁的郭正旸参加了6届俱乐部联赛，本赛季代表小狼国际冰球俱乐部征战赛场。他第一次走上冰场，正是在2015年申冬奥成功之后。父亲回忆说：“孩子刚练冰球时，北京冰场都没几处，现在真是太多了，感觉通过冬奥会，整个城市的冰雪氛围都起来了。”

申冬奥成功之后，冰球项目的发展驶入快车道，冰球进校园也得到了教育部门的大力支持，一批冰雪运动特色学校和社会资源携手共建冰球校队。2021赛季的北京市中小学生校际冰球联赛，吸引了近130支队伍参加。

如今，北京青少年冰球赛事已经贯穿四季，秋冬季节组织俱乐部联赛，春夏时节举办校际联赛。通过赛事平台，把全市的冰球资源聚合起来并形成了凝聚力。组织者也在不断提升赛事品质，从过去的以年龄段分组，到如今的同年龄段分为竞技组和选拔组，兼顾专业和业余两个层级的选手。

北京青少年冰球赛事为“带动三亿人参与冰雪运动”打造了一个赛事模板，对调动社会各界关注冰雪运动发展、提高冰雪运动参与人数具有重要的现实意义。

谋创新，夯实发展基础

通过办赛，北京努力把冰球文化融入青少年成长，也为北京冰球运动在北京冬奥会赛后的发展夯实基础。

北京冰球协会相关工作人员说：“冰球项目在青少年群体中受到青睐，一方面表明随着生活水平提升，家长愿意让孩子尝试这种新兴项目；另一方面，冰球项目很有黏性，根据我们的了解，很少有孩子在接触冰球之后因为不喜欢而中途放弃。”

不过，一些冰球少年的家长也反映，现在低年龄段打球的孩子比较多，但随着年龄增长和课业负担加重，一些孩子不得不做出取舍。同时，职业联赛体系尚未建立健全，小球员的出路也存在问题。协会也在考虑组建更高年龄段的赛事，在职业联赛方向做出积极尝试，北京冬奥会是一个契机，希望借助这次机会，推进冰球职业化的发展。

从第十二届起，俱乐部联赛增设U18（18岁以下）年龄组比赛，这相当于给了高中学子一张重返赛场的“入场券”，也有助于打通从高中到大学的冰球人才上升通道。增设U18年龄组也是希望通过赛事引领，让冰球少年的梦想得以延续。对此，很多学生家长表示欢迎。

从第八届开始，俱乐部联赛开始邀请天津、河北、黑龙江等省份的球队参赛，从而带动京津冀和东北地区的青少年冰球运动的互动发展。2021年，北京冰球公开赛和北京冰球大奖赛相继推出，同样面向外省份球队开放。邢奞表示：“北京青少年冰球赛事起步早，这种运作模式完全可以推广复制，只要冰球青训形成规模并达到一定竞技水平，有政府和协会的力量加以引导，很多地方可以做到。”

如今，上海、成都等地都开始组织青少年冰球联赛。越来越多身边的冰球赛事，将悄然改变中国冰球的生态与样貌。

（来源：《人民日报》2021 年 12 月 21 日）

04

单板滑雪

单板滑雪小百科

小百科

单板滑雪（Snowboard）又称滑板滑雪。比赛中，运动员使用一个滑雪板，利用身体，尤其是双脚来控制运动方向。20世纪60年代中期，单板滑雪起源于美国，是一项新兴的冬奥会比赛项目。1965年，舍曼-波潘把两个滑雪板绑在一起形成了新的“滑雪板”，两脚踩踏在上面进行滑雪，由此开创了这项运动。进入80年代，单板滑雪风靡美国，之后又传到欧洲。1983年首届国际单板滑雪赛举行，1989年国际单板滑雪协会成立，1990年更名为“国际单板滑雪联合会”。1994年单板滑雪被定为冬奥会正式项目。单板滑雪比赛在1998年日本长野冬奥会上首次进入奥运大家庭，分男子和女子项目，进行个人大回转和U型场地技巧比赛。2002年盐湖城冬奥会，平行大回转取代了个人大回转项目；2006年都灵冬奥会，增设单板滑雪障碍追逐赛；2014年索契冬奥会，坡面障碍技巧被列入冬奥会正式比赛项目。大跳台从2003年开始成为国际雪联单板滑雪世锦赛的项目之一，之后在2015年5月被确定为冬奥会正式比赛项目。2018年平昌冬奥会，该项目首度出现在冬奥会赛场。

小百科

2022年北京冬奥会共设有男女U型场地技巧、坡面障碍技巧、平行大回转、大跳台和障碍追逐等项目。

U型场地技巧在一个U型雪槽中进行，雪槽长150—170米，宽度为19—22米，深度为6.7米，坡度为17—18度。雪板底部为弧形，具有短、宽、轻、软的特点，灵活性好，易于控制和调整滑行姿态。比赛时，运动员沿赛道左右槽壁从一侧滑向另一侧，在离开赛道腾空的过程中，做出各种空翻和转体动作。高水平运动员一般可以完成四个以上动作造型。

坡面障碍技巧场地由一系列障碍跳台、杆、平台等构成，场地赛道落差最小为150米，平均坡度在12度以上。运动员使用的雪板要利于在复杂地形中完成多样化技术动作。比赛时运动员从雪坡上一冲而下，下滑期间要通过赛道上设置的各种障碍，在空中做出飞行、跳跃和翻转等动作，展示自己的高超技艺和创意。

大跳台场地分为助滑区、起跳台、着陆坡和停止区四个部分。运动员采用与坡面障碍技巧类似的雪板从高处滑行而下，通过起跳台起跳完成各种空翻、转体、抓板等技术动作后落地。因为腾空高、滞空时间长，运动员能够充分展示各

小百科

种技术动作，所以大跳台也被称为技巧最丰富的自由滑项目之一。

障碍追逐为竞速类项目，线路长800—1300米，落差140—260米，总宽度40米。雪板与其他小项不同，前后端都向上翘起，向前向后都可以滑行。运动员从出发门出发后，滑行通过一系列障碍，如波浪道、雪坝、小跳台等，有意推拉或者用其他身体接触方法来使其他运动员减速摔倒或离开雪道都是不允许的。

平行大回转线路长度在400—700米，宽度至少40米，落差120—200米。一般设置18—25组旗门，分为红色旗门和蓝色旗门，两条赛道的长度、坡度和旗门的位置保持高度一致。选手使用竞速类单板，板身较长，结构较硬，使滑板高速滑行时保持稳定。板体板腰部分较窄，易于小半径转弯和快速滑行时控制。

单板滑雪自由、时尚、惊险等特质契合时代特点，旋转翻腾、追逐超越，尽显青春活力，因而深受广大青少年喜爱。

2022年北京冬奥会大跳台比赛在北京赛区进行，其余小项在张家口赛区，一共产生11枚金牌。其中障碍追逐混合团

小百科

体比赛是北京冬奥会新增小项。

男子项目	女子项目	混合项目
平行大回转	平行大回转	障碍追逐混合团体
障碍追逐	障碍追逐	
U型场地技巧	U型场地技巧	
坡面障碍技巧	坡面障碍技巧	
大跳台	大跳台	

（来源：《人民日报》、人民网、北京冬奥组委官网）

冰雪故事

喜欢，就滑到老！

——中国单板滑雪奥运奖牌第一人刘佳宇

俯身扫了一下雪板上的雪，刘佳宇抬头对着镜头露出迷人的微笑。

驾上雪板，冲下赛道，跳跃，旋转，空中画出一道道美丽的弧线！

89.75分，中国姑娘摘得平昌冬奥会单板滑雪女子U型场地银牌。

三届奥运，在年少成名，又经历伤痛、跌入低谷后，对单板滑雪的热爱和不懈坚持终于使刘佳宇在25岁的时候梦想成真。她完成了中国在单板滑雪项目上冬奥会奖牌“零”的突破，同时为中国代表团打开了平昌冬奥会的奖牌之门。

下了赛道的刘佳宇笑得特别开心。她说：“今天总体来说就是做自己，我也做到了，然后去享受这个比赛。毕竟这么好的天气，这么好的场地，这么多朋友的支持，对我来说是动力，所以我很开心。”

从练武术的“小丫”转行踏上雪场，中国单板“一姐”的运动生涯跌宕起伏。

2003年，刘佳宇误打误撞地被带进了刚刚组建的哈尔滨单板滑雪队，连滑雪都不会的11岁小姑娘就这样懵懂地入了行。那一年，国家体育总局冬季运动管理中心决定开展单板滑雪项目，刘佳宇成为最早一批国家集训队成员之一。

“刚开始不是特别喜欢，练得特别辛苦。学习这个项目的历史和文化，学习英文，和朋友们讨论，更重要的是在这个项目里找到自己的成就感，体现了个人的价值，然后就越来越喜欢，越来越热爱，到最后拔不出来了。”

开始爱上单板的刘佳宇逐渐展现出她的天赋。2005年，年仅13岁的她就获得个人第一个全国冠军。4年后，17岁的刘佳宇世锦赛夺冠，一举成名。2010年的温哥华冬奥会，她差点登上领奖台，最终排名第四。

然而，温哥华冬奥会后，刘佳宇左肩受伤，经历了两次大手术才踏上了索契的赛场，结果在那届冬奥会上仅排名第九。此后，经过第三次手术治疗的刘佳宇重回赛场，夺得2016年全国冬运会冠军。2017年札幌亚冬会，刘佳宇凭借潇洒完美的动作一举夺冠。

谈到坚持的动力，刘佳宇笑着说：“第三届奥运会了，对于自己想要的东西比较清楚，因为热爱所以坚持，所以继续，我对自己充满信心，所以一直到现在，一身伤病，反反复复，离开回来，离开回来。心态来自我当初的一个决定，我喜欢它，我就继续它，只要做好每一天，成与败我都认了。”

刘佳宇非常希望看到更多的中国人喜爱上单板滑雪这项运动。她说：“我觉得（拿奖牌）会在中国推动这项运动，拿了奖牌一是为了我自己，另外也是为了中国的这个项目。虽然我在顶尖，在领头，但我也希望这个项目能够普及下去。”

对于2022年北京冬奥会，刘佳宇说，现在还没想太多。“单板滑雪是我的最爱，我会一直滑到老！”

（来源：新华社，2018 年 2 月 13 日）

苏翊鸣：180 度的变化源于一直热爱

在北京时间2021年11月5日上午进行的男子单板滑雪大跳台比赛中，来自中国的选手苏翊鸣凭借155.25分的总成绩夺得男子单板滑雪大跳台冠军，成为站在该项目世界杯冠军领奖台上的中国第一人。这位17岁的单板小将，正如其名字一样，一鸣惊人！

“第一次进入世界杯决赛，就获得了冠军，感觉特别不可思议。”夺冠后的苏翊鸣不断回忆比赛过程：“就像是做梦一样。”

对单板滑雪的热爱一直没变

“我在做的事情就是我最喜欢的事情，从单板滑雪爱好者到职业运动员，唯一没有变的是对单板滑雪的热爱。”在苏翊鸣眼中，从4岁第一次去雪场滑雪，到本次世界杯夺冠，拥有巨大的意义。

13年前，4岁的苏翊鸣被父亲第一次带到雪场滑雪。懵懂的他，并不懂单板滑雪是怎样一项运动，但经过尝试后，苏翊鸣逐渐喜欢上了滑雪。

在父母的影响下，苏翊鸣进步迅速，7岁便成为世界最大滑雪品牌的签约滑手。2014年，苏翊鸣更是因出色的滑雪技巧，成为电影《智取威虎山》中“小栓子”角色的最佳人选，拥有了一段奇妙的“童星出道”经历。

2015年7月31日，伴随着北京携手张家口获得2022年冬奥会举办权的消息传遍大江南北，在家门口为国争光的梦想在苏翊鸣心中萌芽。

在梦想的驱动下，此后的苏翊鸣不断努力，一步一个脚印，2018年苏翊鸣入选跨界跨项中国单板滑雪国家集训队，2020年苏翊鸣完成国内首个三周空翻转体1620度动作，2021年苏翊鸣在2020—2021赛季全国单板滑雪大跳台和坡面障碍技巧锦标赛及冠军赛中夺得4项冠军……

“最重要的是保持着热爱的初心，要百分百投入自己热爱的事情。”苏翊鸣内心坚信，热爱就要尽最大努力去完成，努力，梦想就可以实现。

180度的变化需要更多努力

聪明、自律、目标明确、不断努力，教练佐藤康弘对弟子的评价远不止于此，在他眼里，苏翊鸣是一位“天才型选手”，“苏翊鸣对训练拥有巨大的热情，能够制定长远的规划和目标，对此毫不懈怠。”

为备战世界杯，苏翊鸣整个夏季都在进行气垫练习和体能练习，中间也存在许多困难。“大跳台需要两个方向的动作，我一直是一个方向比较好，需要提升另一个方向。另一个方向我在水池训练时成功率并不高，我用了两天时间在气垫上练习，掌握了一种适合自己的方法，马上到雪场进行实践。”当在比赛中完成自己不擅长的动作时，苏翊鸣表示自己非常高兴。

2021年10月，在奥地利随国家集训队备战时，苏翊鸣成功完成内转转体1980度的动作（转体5周半），成为世界上首次完成这一动作的人。成功的背后，是一次次与困难的斗争。“这个动作在空中要找准自己的位置，要精准落地，把脚停在落地坡位置。在空中很难，落地更难。”

对于苏翊鸣而言，每一次突破，是背后成百上千次的练习，从夏天到冬天，科学频繁训练，才让自己实现更大的超越。“从1620到1800到1980度，听起来是180度的变化，但对我们来说，这180度的进步需要的努力很多很多。”

苏翊鸣表示："要赢得比赛，需要付出不同的努力，战术的安排，对别人的了解，自己技术的提升，对我来说都是前所未有的挑战，对手不断进步也在激励我要做得更好。"这位年轻的小将正在享受这个过程。

力争在冬奥会上取得好成绩

"在冬奥会上取得好成绩，是我从小的梦想。"对于苏翊鸣而言，本次世界杯夺冠让自己离梦想更近一步。这位在成为一名职业运动员之前，从来没有想过能拿到世界杯冠军和参加奥运会的小将，如今有了新的方向。"专注备战冬奥会，取得更多的经验，是我目前最大的目标。"

由于大跳台与坡面障碍技巧为一个参赛名额，为满足冬奥会参赛标准，苏翊鸣还将在接下来的坡面障碍技巧世界杯上继续争取积分和排名。

"不管平时训练多么好，比赛时只有一次机会，成功率是最重要的事。我现在的主要目标是提升动作成功率，争取在比赛中完成好。"苏翊鸣表示，自己会认真对待每天的训练，每天进步一点点，到冬奥会的赛场展现出最好的水平。

"昨天站上领奖台，把国旗披到身上，感觉特别荣幸、幸运有祖国在背后的支持，可以心无旁骛地进行训练。"苏翊鸣表示，会尽自己最大努力，为国争光，这是自己最大的梦想。

而在更远的将来，这位谈吐间透露着自信与朝气的年轻运动员，拥有着很多不同的计划。而唯一不变的，是内心多年来坚守的梦想："我想通过自己的努力，能够让国歌在世界的每一个地方都奏起。"

（来源：人民日报中央厨房，2021 年 12 月 8 日）

26 岁"高龄"的他，一个人备战奥运

从面包师到滑雪选手　他的梦想是站上冬奥会出发台

2012年，张嘉豪从西餐烹饪专业毕业，成为一名面包师。那一年，17岁的他第一次接触了单板滑雪。"我那会儿下了夜班，就搭上朋友的车到雪场练两个半小时，之后回家睡四五个小时。晚上上一宿夜班，白天再和朋友一起出发。"

2014年，张嘉豪第一次参加正式比赛，完成了一套后空翻转体360度，"特别开心，每次学会新动作，就想在比赛里使出来。"

2016年，张嘉豪在新西兰第一次参加国际比赛，获得了第16名，这也是同场中国选手中的最好成绩。他有种感觉："自己参加冬奥，有希望。"

2020年起，张嘉豪开始备战北京冬奥会，一站一站参加比赛。虽然近一年来，没有自己特别满意的成绩，但他并不想放弃，"遇到的困难再多，也要尽我最大的可能性。"

“最重要的是我可以迈出这一步”

相比国家队里的年轻运动员，26岁的张嘉豪已算“高龄”，想要实现自己的目标并不容易。他只有按照自己的计划，到四个国家，打四项比赛——一个锦标赛、一个欧洲杯和两个世界杯，拿下国际雪联50积分并打入世界杯前30名，才有机会向冬奥会名额发起冲击。

被问到如果没能实现自己的目标怎么办，他的回答毫不迟疑：“不重要，我觉得最重要的是我可以迈出这一步。”

从17岁到26岁，接触滑雪的9年间，张嘉豪成长了许多。“17岁之前，是个就知道天天玩的大男孩”，而17岁之后的自己，张嘉豪选择用“理想主义者”来形容。

无论有没有参加冬奥会，这个冬天结束之后，张嘉豪依然想在行业里做一点事情，“滑了这么多年，自己非常喜欢。我国冰雪事业也在大力发展，需要人才，自己一定要站出来。”

因“一个人的冬奥会”话题走红网络后，张嘉豪社交账号的粉丝暴涨，后台一下收到25000多条私信。网友们为他送来加油和祝福，他直呼没有想到。他说：“也许是我正在替大家完成一件所有人都想去做的事吧，愿所有的朋友的青春都能够不负梦想。”

（来源：环球网，2021 年 10 月 28 日）

05

冬季两项

冬季两项小百科

冰雪故事

唐佳琳：不能让努力白付出

中国冬季两项夯实家底，下届冬奥会再战

小百科

冬季两项小百科

冬季两项（Biathlon）起源于斯堪的纳维亚半岛，由滑雪狩猎演变而来。在挪威、瑞典等北欧国家的一些4000多年前的石制雕刻品中，就刻有两人足蹬雪板、手持棍棒在雪地里追捕动物的情景。1767年，守卫在挪威与瑞典边界的挪威边防军巡逻队举办了第一次滑雪和射击比赛。比赛规定参赛者需滑完全程，滑行途中用步枪射击40—50步远的靶标，成绩最优者可得到价值相当于20克朗的奖品，这是滑雪与射击结合运动的开始。1861年，挪威成立世界上最早的滑雪射击俱乐部；1912年，挪威军队在奥斯陆举行名为“为了战争”的滑雪射击比赛。后逐渐在欧美国家开展，并成为一种体育运动项目。

冬季两项于1924年被列为首届冬奥会表演项目，1958年第1届世界现代冬季两项锦标赛举行；1960年被列为冬奥会比赛项目，并正式定名为“冬季两项”；1992年第16届冬奥会增设了女子比赛。

冬季两项作为雪上运动项目之一，是越野滑雪和射击相结合的运动。越野滑雪是一项竞速运动，射击则是一项在相对静止的条件下进行的运动，把这两种特点不同的竞赛项目结合在一起进行，要求运动员具备很强的动、静转

小百科

换能力。运动员不仅要有全面的滑雪技术，又要有在体力负担重的情况下迅速射击的技术。比赛时，运动员要脚穿滑雪板，手持滑雪杖，携带枪支，沿标记的滑道，按正确的方向和顺序滑完预定全程。个人赛采用单人出发的方式；接力项目第一棒采用集体出发的方式，以后则在交接区接棒出发。在比赛中，越野滑雪采用自由式。射击有两种姿势，立射和卧射。其中，立射时运动员必须先停下脚步，将雪杖放在地上才能射击；卧射时则将肘部支撑在地上射击。运动员到达射击位置后，应迅速调整装备，摘下小口径专用步枪，采用立射或卧射，每次射击 5 个靶子，射击距离为50米。

值得一提的是，当选手采用俯卧姿势时，射击目标仅像高尔夫球一般大小；站立射击的目标则如同一个小柚子那么大。选手持有限数量的子弹，击中目标最为关键，否则会面临脱靶惩罚。个人赛脱靶一次加罚一分钟；短距离赛、追逐赛和集体出发比赛脱靶一次加罚一圈；接力和混合接力比赛中，脱靶一次加罚一圈。所以，选手即使在滑雪阶段领先也不一定能保持到比赛结束。

北京2022年冬奥会冬季两项比赛设11个小项，产生11枚金牌，在张家口赛区进行。

男子项目	女子项目	混合项目
10公里短距离	7.5公里短距离	混合接力 女子2×6公里+男子2×7.5公里
20公里个人	15公里个人	
12.5公里追逐	10公里追逐	
15公里集体出发	12.5公里集体出发	
4×7.5公里接力	4×6公里接力	

（来源：人民网、北京冬奥组委官网）

冰雪故事

唐佳琳：不能让努力白付出

索契当地时间2014年2月9日，高加索山麓的劳拉雪上中心座无虚席，84名选手在观众震耳欲聋的助威声中，进行着冬季两项女子7.5公里短距离比赛奖牌的争夺。虽然冬季两项在中国国内仍然是个冷门项目，4名参赛的中国选手最终成绩也都在40名以外，但是这些90后的小姑娘却让人们看到，未来中国冬季两项的前景并不“冷”。

在赛后的混合采访区，与外国选手面前里三层外三层的媒体阵容相比，中国媒体寥寥无几，这也折射出中国雪上项目不为人所关注的现状。当唐佳琳来到记者面前时，这位眉清目秀的姑娘很难让人与艰苦的冬季两项联系起来。

虽然曾经获得过全国比赛的冠军，但是第一次参加冬奥会的唐佳琳也是头一次感受到奥运会比赛的气氛。她说：“第一次参加奥运会感觉很激动，挺兴奋的，这里的观众也特别多，我很享受这种气氛。”

冬季两项比赛十分辛苦，选手需要在拥有越野滑雪能力的同时兼备很高的射击水平，这就要求运动员既要有由动转静的能力，又要有由静转动的能力，在耗费大量体力完成越野滑雪之后，能够集中精神瞄准射击。而唐佳琳说喜欢这个项目是因为射击，“我从小就喜欢射击，我觉得女孩子拿着枪非常帅。”记者问她，那你怎么没专门练射击呢？她说：“我也特别喜欢长跑这种比较需要耐力的运动。”这种与生俱来的天赋让她命中注定成为一名冬季两项选手。唐佳琳小时候在学校练习跑步，12岁进入体校改练越野滑雪，14岁的时候被八一队的教练看中，再次改行，专攻冬季两项。她说：“一开始我都不知道进八一队是让我练冬季两项，我以为还是继续练越野滑雪，进队以后发现这个项目还有射击，所以就特别感兴趣。”

冬季两项最早是由冬季滑雪狩猎和军队训练演变而来，早在1960年冬奥会就被列为正式比赛项目，同年中国人民解放军滑雪队开始接触这项运动，但直到1980年才被全国冬季运动会列为正式比赛项目。相比于欧洲运动员从小就接受专项正规训练，中国冬季两项运动员大部分都是从越野滑雪项目转项而来的。由于这个项目既需要运动员有极强的身体素质，也需要沉着、冷静的大脑，所以想成为一名合格的冬季两项运动员就需要多年的磨炼。唐佳琳说她自己以前射击部分总是不稳定，心态上的起伏很容易影响射击的精准度，但随着年龄的增长、比赛经历的增加，慢慢对于自己的情绪和心态都有了更好的控制力。

由于冬季两项在国内并不热门，中国队的冬奥之旅更像是重在参与，但是这四个字并不是唐佳琳的目标，这位1991年出生的小姑娘有着远大的理想。她说："虽然这个项目不太受重视，但是我们选择这个项目，喜欢这个项目，就希望以后能将冬季两项的魅力和最好的一面展示给大家。不能让自己的努力白白付出。"

（来源：人民网，2014 年 2 月 10 日）

中国冬季两项夯实家底，下届冬奥会再战

身背专用小口径步枪，飞驰在皑皑白雪间，一袭红衣的张岩如同"猎手"般矫健。零下10摄氏度的凛冽寒风，没有吹歪她的准星，一轮卧射一轮立射，10发子弹射中9发。可惜滑行拖了她的后腿，3圈下来落后最快者2分多钟。

平昌当地时间2018年2月10日晚，在阿尔卑西亚冬季两项中心，中国"90后姐妹花"张岩、唐佳琳携手出战平昌冬奥会冬季两项女子7.5公里短距离比赛。能站到这里并不容易，从2017年11月起连续征战6站世界杯，一路走来困难如影随形，最终她俩争气地拿到通往平昌的外卡资格。

从解放军八一雪上大队进入国家队，两个姑娘身上都刻着军人的烙印。"不怕苦不怕累，打一场漂亮的胜仗。"带着使命感登上冬奥赛场，她们渴望超越自己。尽管两人在亚洲算顶尖选手，但与欧美高手在滑行环节的巨大差距，让中国健儿追赶强者的征程只能再等4年。张岩的第38名，

已是近几届冬奥会中国选手的较好成绩。

“这个项目不确定因素比较多，我们能依靠的就是射击更稳定，每脱靶一发子弹加罚150米，差20多秒一下就落后了。毕竟，我们的体力和能力跟最优秀选手差得挺多的。”赛后，张岩心情平静，每年三四个月的国外训练和比赛，让她很清楚这条“鸿沟”有多深。

冬季两项并不是中国选手的强项，但不意味着没有与世界高手“掰手腕”的可能。1998年的长野冬奥会上，于淑梅夺得女子7.5公里短距离第5名，而后她还首次获得世界杯冠军。但一段时间的人才“断层”，让中国冬季两项陷入低谷。“平昌冬奥会只有我俩拿到参赛资格，团体接力比赛都参加不了。”张岩有些无奈。

面对薄弱的家底，“走出去，请进来”成为恶补短板的捷径。2017年7月，新的挪威外教接手执教中国冬季两项队，在训练技术、射击方式、对滑行的理解上带来不少先进理念。但由于意外原因，还没磨合好就被迫更换另一位外教，训练不够系统多少影响了备战。唐佳琳坦言，“接触新东西需要时间去消化，才能在比赛中体现出来。”

平昌冬季两项赛场，看台上挤满各国观众，欢呼加油声此起彼伏。想到4年后在家门口举办的北京冬奥会，两个姑娘掩饰不住地憧憬，“只要身体状况允许，一定会坚持到那时候。”而在她们身后，冬青奥会冠军孟繁棋等一批有潜力的年轻人也逐渐顶了上来。“如果有一位稳定的教练和团队，2022年还是很有希望的。”唐佳琳说。

平昌的夜深了，中国姑娘们渐渐走远。她们的肩头，不只背着滑雪板，更担负着中国冬季两项寻求突破的梦想。

（来源：《人民日报》2018 年 2 月 11 日）

06 短道速滑

短道速滑小百科

小百科

短道速滑（Short Track Speed Skating）19世纪80年代起源于加拿大，当时一些速度滑冰爱好者经常到室内冰球场练习。后来，在蒙特利尔、魁北克、温尼伯等城市相继出现室内速度滑冰比赛。由于比赛赛道较短，人们将这种滑冰比赛称为“短道速滑”。

1905年，加拿大首次举行全国短道速滑锦标赛。20世纪初，这项比赛逐渐在欧美国家广泛开展。20世纪70年代，国际滑冰联合会成立了短跑道速度滑冰技术委员会。1981年，世界短道速滑锦标赛开始举办，并于1988年加拿大卡尔加里冬奥会上首次亮相。当时短道速滑仅仅是表演项目。1992年，国际奥委会正式将短道速滑列为奥运会项目。

短道速滑比赛场地面积为30米×60米，椭圆形跑道内缘周长111.12米，弯道最小半径8米，直道长28.85米。场地两端弧形弯道处摆放黑色橡胶块作为标志线，运动员不得滑入标志线内。直道区则没有标志线，可以任意滑行。比赛采用淘汰制，一般进行3—4轮。4—8名运动员在一条起跑线上同时起跑出发，预赛站位通过抽签决定，之后的比赛按照上一轮成绩确定站位。在不违反规则的前提下，运动员可以在比赛途中随时超越对手。

小百科

短道速滑项目在1981年才被引进中国，但发展较为迅速。在1987年第六届全国冬运会上，李金艳打破女子3000米世界纪录；在1988年加拿大卡尔加里冬奥会上（此时短道速滑仅为表演项目），李琰勇夺1000米金牌，并打破1000米、1500米世界纪录；在2002年美国盐湖城冬奥会上，杨扬勇夺500米、1000米两块金牌，为中国实现了冬奥会金牌零的突破；在2006年都灵冬奥会上，王濛夺得500米金牌；在2010年温哥华冬奥会上，中国队包揽女子比赛4枚金牌；在2014年索契奥运会上，李坚柔、周洋分别夺得500米、1500米金牌；在2018年平昌冬奥会上，武大靖在短道速滑男子500米比赛中为中国队夺得一枚金牌。

北京2022年冬奥会新增混合团体接力比赛，将产生9枚金牌。

男子项目	女子项目	混合项目
500米	500米	混合团体接力
1000米	1000米	
1500米	1500米	
5000米接力	3000米接力	

（来源：人民网、北京冬奥组委官网）

冰雪故事

杨扬：奋斗是青春最亮丽的底色

2019年10月，被誉为“冰上女王”的杨扬荣获黑龙江省妇联“十大巾帼楷模”荣誉称号。

杨扬1976年出生于黑龙江省佳木斯市汤原县，是前中国女子短道速滑队运动员，也是中国首个冬奥会冠军。在其整个运动生涯中，一共获得59个世界冠军，是获世界冠军最多的中国运动员。

初上冰场，体校里的“小不点儿”

杨扬从小就对滑冰有着与生俱来的天赋和喜爱。1984年的一天，体校老师到学校招生，8岁的杨扬和其他20多名同学被老师推荐到体校参加冰上集训。两周后，20多名学生只留下5人，其中包括杨扬。由于个子矮小，身体瘦弱，同学们都叫她“小不点儿”。

为了能使自己在冰场上驰骋飞扬，小小年纪的杨扬训练刻苦，毅力超人。黑龙江的冬天格外寒冷，零下30摄氏度的低温，围巾、帽子上都结满了冰霜。尽管如此，每天早上天还没亮，杨扬都会准时来到冰上训练基地开始训练。

杨扬说，成绩是苦练出来的，一个人若想学会滑冰，那么他一定要做好在冰上摔跤的准备。膝盖磕青了，脚崴了，手腕挫伤了，鼻子碰出血了，对于杨扬是家常便饭。但她从不叫苦，不喊累，不说痛。功夫不负有心人，很快杨扬的运动成绩便在体校里名列前茅。

1986年，杨扬随工作调动的父亲来到七台河市，在当地体校练习速度滑冰。1988年，杨扬进入黑龙江省体育运动学校，得到金美玉教练的赏识，改练短道速滑。

1991年4月，杨扬获得全国短道速滑冠军赛3000米冠军，这是她获得的第一个全国冠军。从此开始了她一生的冰雪之途。

“冰上女王”22载冠军梦

1995年，杨扬入选中国国家队。同年2月，杨扬参加了在西班牙举行的世界冬季大学生运动会，并获得女子3000米接力冠军。3月，杨扬参加了挪威世界短道速滑锦标赛，她与队友合作，以4分24秒68的成绩打破女子3000米接力的世界纪录，并获得冠军。

1996年2月5日，杨扬参加了在哈尔滨举行的第三届亚洲冬季运动会，她以2分28秒93的成绩获得女子短道速滑1500米冠军。次日，在女子3000米接力赛中，杨扬与队友以4分23秒13的成绩打破世界纪录，并获冠军。

1997年3月，杨扬参加了在日本举行的世界短道速滑锦标赛，获得短道速滑女子500米、1000米和女子全能3项冠军。这是我国短道速滑第一个个人全能世界冠军。

1998年2月，杨扬参加了在日本长野举行的第十八届冬季奥运会短道速滑比赛，在女子3000米接力赛中，杨扬与队友以4分16秒383的成绩获得冬奥会银牌，这是杨扬第一块奥运会奖牌。同年3月，在奥地利维也纳举行的世界短道速滑锦标赛上，杨扬先是获得女子1500米冠军，随后又以1分33秒562的成绩，获得女子1000米比赛冠军。在女子3000米接力赛上，杨扬与队友合作，再次成功获得接力冠军。杨扬蝉联了世界短道速滑锦标赛女子个人全能冠军。

自此以后，杨扬赢得了几乎所有世锦赛、世界杯的个人全能冠军。

2002年2月，杨扬参加了在美国盐湖城举行的第十九届冬奥会。2月16日，在短道速滑女子500米决赛中，她一路领先，最终以44秒187的成绩问鼎冠军，为我国实现了冬奥金牌零的突破。此后，她又与队友一起获得了女子3000米接力的银牌，并在女子1000米比赛中以1分36秒391的成绩获得金牌。同年3月，她参加了加拿大蒙特利尔短道速滑世锦赛，并实现了世锦赛女子个人全能项目的六连冠，成为唯一一名蝉联6届个人全能冠军的运动员。

冬奥会之后，杨扬走进清华大学经济管理学院，成为一名运动员学生。在2003年代表黑龙江省参加了全国第十届冬运会后，她申请去美国读书。2004年7月，在美学习一年之后，在国家队的召唤下，杨扬再次回到国家队，备战2006年冬奥会。2005年3月，恢复训练不到一年的杨扬参加了在北京举行的世界短道速滑锦标赛，在女子500米决赛中，杨扬以45秒038的成绩获得冠军。

2006年2月26日，在都灵冬奥会短道速滑女子1000米决赛中，杨扬以1分33秒937的成绩获得短道速滑女子1000米铜牌。2006年8月，杨扬正式退役。

公益让价值延续

2006年都灵冬奥会后，杨扬卸下了冰刀，开始创立体育公益基金、开办滑冰学校，将快乐运动带给更多的孩子，让冠军精神去影响他们的成长。2008年，杨扬发起“冠军基金”，为四川什邡地区的基层体育老师做培训。基金会有自己的游戏规则和信条，那就是让“体育课不再枯燥”，把体育当作素质教育的一种，让孩子们在兴趣之余懂得什么叫合作。在她的努力下，沉寂十几年的学生运动会又在当地恢复，孩子们欢腾了，因为给他们担任裁判的是大名鼎鼎的世界冠军。

杨扬做这项公益的起因还要回到汶川地震后的第9天，一个由杨扬、邓亚萍、高敏、谢军4位奥运冠军和世界冠军组成的特殊心理救援团第一时间奔赴灾区。她们此行的目的是去和孩子们“玩”。这就是“早期干预”，孩子们见到体育明星后的兴奋和亲切，会冲淡一些痛苦，使紧张和压力得到释放和安慰，同时也会避免发生进一步的危机，奥运冠军组合的治愈力更是远远超过了常规方法，对此医生和专家都给予了高度评价。

这次经历让杨扬看到，运动对于孩子不单是身体上的影响，还会在精神上、意志品质上，以及人际沟通能力上产生巨大作用。她意识到体育明星参与公益活动的价值和冠军的影响力。于是，她积极牵线搭桥，为冠军运动员实现“冠军公益梦想”，比如，帮助邹市明在家乡捐助一批包括拳击手套在内价值20万元的体育器材。一个团队应运而生，“冠军基金”凝聚了大家的力量。“当时基金会的名字并没有想好，多亏罗格主席一语提醒，我们的目标不是培养更多的金牌获得者，而是培养真正的冠军，金牌和冠军是两个概念。”回忆当时的场景，她仍然记忆犹新。时至今日，这个用冠军影响力去服务社会的理念已经吸引了五六十名体育明星。

2013年，杨扬创办了上海飞扬冰上运动中心。问及她创办运动中心的初衷，杨扬告诉大家，她8岁开始这项运动，23年的运动生涯，不单赢得了那些冠军和荣誉，更重要的是教会了她敢于面对困难、解决问题、团结队友、勇于承担责任，等等。相信这些品质对每个孩子的成长都是很重要的，我们要为孩子们提供这样的机会，教会他们无惧挑战、战胜自我。为喜爱滑冰的孩子提供参与的机会，为有天分的孩子提供梦想的舞台。

（来源：东北网，2019 年 10 月 23 日）

“挑战每一个极限”：武大靖的完美 2018

一年三破短道速滑男子500米世界纪录，夺得中国代表团在平昌冬奥会的唯一金牌，实现中国冰上男子单人项目冬奥会金牌零的突破。这些都印证了武大靖的2018年是多么无与伦比。“中国青年五四奖章”“影响世界华人大奖”等荣誉纷至沓来，社会活动邀约不断。本命年的武大靖，影响力开始超出体育范畴。

站在2019年的门口，眺望2022，武大靖有梦想，也有压力。

“要做到最好”

“从我到国家队开始，就梦想能代表国家参加奥运会，能拿到奥运冠军。”在采访中，谈起平昌圆梦的过程，武大靖对于当时的种种细节仍然记忆犹新。

平昌冬奥会开赛第13天，中国代表团尚无金牌进账。作为夺金大户的短道队多次遭遇争议判罚，武大靖也在此前的男子1000米四分之一决赛中被判犯规。“1000米真的太可惜了，我那天的状态太好了。”武大靖回忆道。

2018年2月22日，是平昌冬奥会短道速滑项目的最后一个比赛日，也是武大靖最后的机会。面对压力，武大靖笑言，自己也没有什么特别的解压方式，只是“一个人静下来去想，压力再大也要去做，胡思乱想也要去做。没有办法，你要去做，发自内心想去做。这件事我要去做就要做到最好”。

赛前的种种压力最终成了这位倔强的东北大男孩在赛场上的强大动力。在自己的主项500米上，武大靖在四分之一决赛就打破世界纪录。决赛枪响，武大靖更是一路领先，将两名主场作战的韩国选手远远甩在身后，再次打破世界纪录。

“让他们找不到判罚我们的机会。”武大靖霸气十足的冠军宣言，点燃了中国体育迷们压抑已久的热情。从2014年索契冬奥会维克托·安身后的追赶者到2018年平昌冬奥会的领跑者，武大靖奥运圆梦。

“用成绩来证明”

从平昌载誉归来，武大靖开始进入调整期，他缺席了2018年3月的蒙特利尔短道速滑世锦赛，迎来了大量的社会活动邀约。

“奥运会把我的身体机能储备都消耗掉了，需要一个很长时间的重新储备和调整。这段时间空闲多，不需要每天拼尽全力训练。想利用这段时间做点好玩的事儿。”武大靖解释道。

时尚活动、综艺节目、颁奖典礼，这些尝试对于一名24岁的年轻人，都是新奇而有趣的。更重要的是，武大靖认为，对于发展相对滞后的中国冬季运动，宣传和推广也是必要的。“‘三亿人参与冰雪运动’，我是努力宣传的一员。每次参加活动，我都说自己来自中国短道速滑队，给大家普及冰雪知识。这是我们运动员的义务也是责任。”

但不可避免的，“不务正业”“耽误本职工作”这样的言论开始困扰武大靖的生活。

“我是那种需要听外界声音的人。我需要听好的，听到不好的会很难过。”武大靖说话间带着一丝苦笑。“我没有耽误训练，还是按部就班去做。但是不理解的人就说你时间浪费了。”

当然，武大靖也很清楚，对于质疑，他只需要“用成绩来证明”。于是，在2018年11月新赛季短道速滑世界杯盐湖城站的比赛中，处于恢复期的武大靖，给了所有人一个惊喜。他以39秒505的成绩，再次刷新了自己保持的500米世界纪录。

“新赛季的全国比赛和世界杯比赛我的压力都非常大，好几次都是被搀扶到领奖台的。我的队友都很不理解为什么要那么拼命。其实如果我没有拿到好成绩，队里是可以理解的，也是规划内的事情。”武大靖表示。

“但是不这样（拼命）的话，会有不同的声音，认为你是昙花一现。”武大靖知道，自己还有新的梦想要去实现。

“为了 2022 年做铺垫”

谈及将来最大的愿望，常年在外训练比赛的武大靖表示，自己已经超过10年没有在家过春节。“陪父母过个春节，大家一起吃顿团圆饭，是一件最幸福、最奢求的一件事。”

而对于更远的未来，武大靖心里则始终紧绷着一根弦。“首先要做好运动员的本职工作，接下来所有的事情都是为了2022年冬奥会做铺垫。下一个梦想就是2022年在自己的主场，参加这个神圣的比赛并且取得好成绩。”武大靖说。

作为短道速滑队的新队长，他也向自己提出了更高要求。“不光想着500米上有突破，在1000米、1500米、5000米接力，包括新增的项目2000米混合接力，都要尝试去突破，取得更好成绩。要在训练中静下心来，把每个细节做好。对每一个动作、每一堂训练课，有针对性地进行训练。”

“挑战每一个项目的极限，对我来说是动力，也是今年、明年、近几年的目标。”武大靖说。

（来源：新华社，2018年12月31日）

目标，就是做一名好教练

“大家一起拼才有了后来的成绩”

1983年，辛庆山成为吉林省短道速滑队主教练。两年后，以吉林省短道速滑队为班底，中国第一支短道速滑国家集训队组建。“当时大家都是摸着石头过河，谁也不知道这个项目未来会怎样。”辛庆山说，最初的训练条件很艰苦，缺少装备、器材落后，队员们甚至连专业冰鞋都没有。而辛庆山面临的最大难题是对项目了解不够。此前他曾带领中国速度滑冰队出国参赛，偶然间拍到的短道速滑比赛照片，成了他当时手边仅有的参考资料。

为了摸索出适合中国运动员的训练方法，辛庆山下足了功夫。除了借鉴速度滑冰的训练方法外，他还专门针对短道速滑研究滑小圈、转弯等技术。“后来开始研究其他国家短道速滑的技术和经验。”运动员出身的辛庆山骨子里透着倔强，“当时的心思全都放在了如何把队伍带好、把项目带出成绩。”

1987年，李琰入选国家集训队，与她同时期的还有李金艳、张艳梅等人，算上领队和队医，一共10人的中国队，肩负起了在国际赛场比拼的重任。1987年，李金艳在女子3000米项目为中国短道速滑创造了第一个世界纪录；1988年冬奥会，短道速滑是表演项目，李琰获得女子1000米金牌并刷新两项世界纪录；1989年，郭洪茹收获了中国短道速滑的第一个世锦赛冠军……“这些突破让我们看到了希望。”辛庆山说，“现在回想起来，很感谢队员们当年对我的信任，大家一起拼才有了后来的成绩。”

“短道速滑要发展好，需要一批批的新人出现”

从开始执教国家集训队到2006年都灵冬奥会，辛庆山培养出了23位世界冠军，他们共获得103枚世界大赛金牌，并实现了冬奥会金牌零的突破。辛庆山坦言自己是幸运的，偶然间的选择让他找到了可以为之奋斗一生的事业，成为中国短道速滑发展的推动者和见证者。

辛庆山最早练习的是速度滑冰，13岁进入省体校。18岁因为一次车祸，他的运动生涯戛然而止。改做教练后，他认真专注，“大家训练的内容都差不多，因为要求和标准不同，才会产生不同的效果。”训练场上的辛庆山是严厉的，训练时他经常嗓音沙哑地大声喊话，“短道速滑经常十几个队员一起上冰训练，每个人的问题都要及时指出来。”

辛庆山的执教生涯也曾有起伏。1992年，他被从国家集训队调整回吉林队执教，这也让他有了新的认识和思考，“前些年只顾着往前冲，回吉林队的那段时间，我带了很多小队员，突然意识到做好基层的人才培养太重要了。”辛庆山说，放平心态后，他又找到了新的目标，“短道速滑要发展好，需要一批批的新人出现。”

再回到国家队后，辛庆山作为主教练加强了对后备力量的选拔和培养力度，杨扬、杨阳、王春露、李佳军等一批优秀选手陆续从老队员手里接过“接力棒”，而后以王濛为代表的一批运动员又逐渐成长起来，续写着中国短道速滑的辉煌。

2002年，当杨扬在女子500米决赛率先冲过终点，拿下中国短道速滑也是中国的冬奥会首金，一向不苟言笑的辛庆山在场边激动欢呼："队员们拼出好成绩，对教练来说就是最高兴的时刻。"

"无论到哪里，我都会把该做的事做到最好"

2006年，辛庆山从国家队离任，但他并没有卸下身上的责任。回到吉林省短道速滑队，他又带出了韩雨桐、李坚柔、孔雪、肖涵等多名优秀运动员，并输送到了国家队。带队训练成了他生活中最重要的内容，"只要我继续坚持，就有更多运动员有希望创造历史。"

2017年，辛庆山到新疆帮助当地短道速滑和速度滑冰队建设队伍、提高成绩，"想挖掘出更多好苗子，不断壮大冰上项目的发展根基。"当时新疆刚举办过第十三届全国冬运会，留下了一批优质的场馆资源，大众对冰雪运动也很有热情。辛庆山的队里有20多名队员，队伍有专用的训练冰场，训练保障到位。"每天的训练时间可以自由安排，有时候会训练八九个小时，队员们的水平提高很快。"辛庆山说。

以新的训练方法挖掘和培养地方队后备人才，此次到新疆，辛庆山收获颇丰。他在训练中采用短道速滑和速度滑冰兼项训练的方法，队员们上午练短道速滑、下午练速度滑冰，"短道速滑的一些特点比如讲究弯道技术和爆发力会对速度滑冰训练有帮助，反过来速度滑冰的技术也促进短道速滑训练。”辛庆山说，队员们的平均年龄只有16岁，通过兼项训练，可以充分挖掘每个人的天赋，明确他们的技术特点。在他的带领下，不到一年时间，新疆队大部分队员的成绩都达到了全国比赛的参赛标准，有的小队员还获得了参加世界青年锦标赛的资格。

从国家队主教练到回归基层默默耕耘，辛庆山一直为中国短道速滑贡献着自己的力量，“无论到哪里，我都会把该做的事做到最好。”如今退休的他，心里还放不下对短道速滑的热爱，“距离北京冬奥会还有约一年的时间，这一年足够改变很多东西，关键看能不能抓住重点、解决核心问题。”他说，“我的心一直与滑冰在一起。”

（来源：《人民日报》2021 年 1 月 16 日）

07

钢架雪车

钢架雪车小百科

小百科

钢架雪车(Skeleton)又称俯式冰橇，是雪橇型速度比赛项目之一，是在传统雪车基础上延伸出来的一种运动项目。钢架雪车来源于北美印第安人为在冬天搬运行李而使用的长雪橇。第一次钢架雪车比赛在1884年瑞士山区的小城圣莫里茨举行，参赛者在结冰的道路上举行比赛。1887年开始出现类似现在这种俯卧式的雪车姿势，1892年英国人蔡尔德使用了以金属材料制成的新雪橇，后来被正式命名为“钢架雪车”，因为这种雪车的造型类似人体的骨架，也称“骨架雪车”。

钢架雪车项目于1928年瑞士圣莫里茨冬季奥运会上进行过比赛，分为男、女各一项比赛。此后，未出现在冬奥会赛场上。直到20年后，圣莫里茨再度举办冬奥会，钢架雪车又被列入比赛项目。钢架雪车项目因危险性较高，过于惊险刺激，1948年冬奥会之后又被取消。直到2002年的盐湖城冬奥会，钢架雪车才在冬奥会中稳定下来，并加进了女子组的比赛。

钢架雪车比赛所用的赛道与雪橇相同，不同的是滑行姿势，雪橇是选手仰躺在雪橇上，脚在前、头在后，而钢架雪

小百科

车则相反，选手俯卧在雪车上，头朝前、脚在后，在长度为1200米以上的倾斜冰道上滑行，最高速度可达130千米每小时。钢架雪车的出发动作主要由起跑、登车和角逐3个部分构成。出发前选手排列在起点等候，依照出发顺序出发。出发的信号灯亮起之后，选手必须在30秒内完成出发动作。出发时选手必须将雪车推向前，加速后迅速登上雪车完成比赛，出发动作必须由选手自行完成。钢架雪车规定运动员在比赛过程中只能以俯卧式进行，动力来自运动员的重力和运动员对雪车的推力，方向的控制则依靠运动员移动身体来实现。中途允许掉落雪车，但在通过终点时，运动员必须在雪车上才算完成比赛。

北京2022年冬奥会钢架雪车比赛共进行四轮，以四轮成绩相加排列名次。比赛分为男子单人、女子单人，共两项，将产生两枚金牌。

（来源：人民网、新华网、北京冬奥组委官网）

冰雪故事

钢架雪车的“中国速度”

近日，在钢架雪车世界杯奥地利因斯布鲁克站比赛中，中国选手耿文强以1分46秒04的成绩与英国和德国选手并列第一，获得男子钢架雪车项目冠军。这是中国钢架雪车在该项目上的首个世界杯冠军，创造了历史。

从2015年正式组队，到2018年首次亮相冬奥会赛场，再到如今站上世界杯最高领奖台——中国钢架雪车从无到有、由弱到强的经历，展现了冰雪运动发展的“中国速度”。

从零开始

助跑加速，随后俯卧在雪橇上沿赛道飞驰而下——钢架雪车比赛中，运动员需要“驾乘”雪车，在50秒左右的时间里滑过近1.4公里长的赛道。

在北京冬奥会申办成功之前，中国钢架雪车项目几乎是一片空白，没有专门的赛道，也没有专项运动员。2015

年，中国钢架雪车国家队成立，第一项任务便是跨项选材、组建队伍。

正是在那时，20岁的内蒙古小伙耿文强从田径跳远队被选拔进入钢架雪车国家队。与他一同入选的队友，也大都来自田径、篮球、自行车等项目。

钢架雪车在滑行前有30米的助跑距离，力量和爆发力强的运动员在转项后有天然优势。在其他国家，运动员的跨项选材也很常见，甚至不乏同时参加夏奥和冬奥的“全能选手”。

虽然有一定的身体优势，但“隔行如隔山”的难度、从零开始的未知，考验着耿文强和他的队友们。

钢架雪车赛道的垂直落差达110多米，时速最快可超过130公里。对初学者来说，享受风驰电掣的前提是克服恐惧。

“刚开始起步非常害怕，整个过程都是蒙的，那种恐惧感真是毕生难忘。”回忆初次体验钢架雪车的感受，耿文强说，“渐渐熟练了以后发现并没有那么恐怖，感觉是非常刺激的一个项目。”

从放下恐惧到提高速度并控制滑行路线，需要经过成百上千次的滑行训练。中国钢架雪车国家集训队领队孙帆说，运动员只有不断尝试，在训练中积累滑行经验和赛道经验，提高滑行的水平，才能投入比赛。

选对了路

在摸索中前进的不只是队员，还有整个钢架雪车项目。

国家队成立后，配备了强有力的后勤保障团队。都灵冬奥会银牌得主、加拿大人杰夫·潘来到队伍，负责重点队员的训练，用专业化的指导和经验带领队员成长起来。与此同时，科研、医疗、康复等复合型团队也逐渐成形——虽然从零开始，但中国钢架雪车有个高起点。

受到季节和场地限制，钢架雪车队建立后，一度只能长期在欧洲、北美等地训练比赛。长期在外漂泊，队员们在承受训练压力的同时，也要克服国外生活的不适应。

孙帆说，中国钢架雪车的成绩与队员顽强刻苦的训练密不可分。与此同时，科学的训练理念和方法，也让队员每一场训练都有收获、每一个阶段都有提高。

团队的付出很快见到了成果。2016年年初，转战钢架雪车不到1年的耿文强便征战国际赛场，在德国国王湖举行的洲际杯上获得第19名。随后，他在2017年首次亮相世界杯赛场，在美国普莱西德湖站中获得第7名。1年后的平昌冬奥会上，耿文强上演了中国钢架雪车的冬奥会首秀，最终名列第13名。

那届冬奥会上，东道主选手、来自韩国的尹诚彬夺得了亚洲在该项目上的首枚金牌。他和耿文强一样零基础练习钢架雪车，并在“入行”的第六年夺得了冬奥会冠军。

这条路，中国雪车运动走对了。下一枚冬奥会奖牌，会不会属于中国选手？

圆梦冬奥

进入北京冬奥会周期，中国钢架雪车不断“提速”，创造了更多历史。

在世界大赛中，中国选手逐渐站稳了脚跟。2020年，耿文强在世界杯法国拉普拉涅站上与尹诚彬并列获得季军，首次登上世界杯领奖台；闫文港则在钢架雪车世锦赛上获得第11名，刷新了中国选手在世锦赛上的最好成绩。

几天前，在耿文强夺冠的世界杯分站赛上，一同出战的闫文港、陈文浩分别获得第8名和第12名。殷正则在欧洲杯分站赛上连续夺冠，收获了4枚金牌。

女队的进步更为迅速。林回央在钢架雪车世锦赛上获得女子个人项目第13名，创造了中国队在该项目上的历史最佳成绩。黎禹汐在近日举行的欧洲杯比赛中连夺4站冠军，世界排名进入前30。

“女队的进步让中国钢架雪车有了更多底气。”孙帆说，钢架雪车团队近年来逐步摸索出了一套科学有效的训练方法，促进了整体水平的提高，也带动了年轻选手的进步。

随着北京延庆国家雪车雪橇中心的建成，漂泊在外的钢架雪车队员终于有“家”了。2021年7月到9月，国家钢架雪车集训队在“雪游龙”进行了冬奥会前的最后一个夏训。科技手段的助力，让国家队的训练更具针对性。

北京冬奥会上，钢架雪车项目将产生男子和女子项目共2块金牌。目前，中国队在两个项目上都获得了2个参赛名额，多名运动员正在海外参赛，向冬奥资格发起最后的冲击。两个多月后的北京冬奥会上，“雪游龙”将见证中国钢架雪车的速度。

（来源：《人民日报海外版》2021 年 12 月 1 日）

冰雪项目夺金，从零起步他们只用了 3 年

站到赛道出发台上的中国队选手闫文港深吸了一口气。他的脚下，是以难度闻名的国王湖赛道，征服这里是全世界选手的共同心愿，这需要实力和莫大的勇气。出发、加速、滑行、冲刺，一气呵成，闫文港放手一搏，不但创下了自己职业生涯的最佳战绩，也为中国钢架雪车写下了新的历史。

2018年12月7日，2018—2019赛季钢架雪车欧洲杯第五站比赛在德国国王湖结束。预赛排名第三的闫文港力压众多欧洲高手，以51.27秒的成绩夺得冠军，为中国队收获了男子钢架雪车项目上的第一枚欧洲杯金牌。在前进路上，中国钢架雪车又迈出了坚实的一步。

进步明显

对于国王湖赛道，闫文港并不陌生，上个赛季的钢架雪车世界杯赛就在这里举行。那一次，与全世界众多高手同场较量的闫文港排在第27位，这对当时改练钢架雪车仅两年多的他来说，已经是个不错的成绩。

此次欧洲杯分站赛，级别虽然低于世界杯，却也吸引了钢架雪车项目的一众欧洲高手。闫文港的预赛成绩落后于两位欧洲名将耶夫根尼和法比尼，但是在决赛中，闫文港却做到了零失误，不仅收获了冠军，还以4.68秒的出发成绩刷新了他在国王湖赛道的最佳纪录。

中国钢架雪车国家集训队副领队孙帆用“惊喜”来形容闫文港的这次夺冠。孙帆表示，以往的欧洲杯比赛都是欧洲选手包揽前几名，中国队选手的最好成绩是进入前六。这次闫文港能够从一众欧洲选手中“突围”，是个不小的进步，更重要的是为全队增强了信心。

作为一支成立仅3年多的年轻队伍，中国钢架雪车国家集训队的每一次进步都值得铭记：平昌冬奥会，耿文强以第13名的好成绩完成了中国队选手在冬奥会该项目上的首秀，创造了历史；进入新周期以后，从耿文强拿到北美杯惠斯勒站冠军，到闫文港在国王湖站夺冠，中国钢架雪车正在一步步登上新台阶，写下新历史。

积极备战

由于钢架雪车在国内的发展几乎是从零起步，队伍从建立到训练参赛经历了一个不断探索的过程。孙帆表示，国家体育总局冬季运动管理中心强有力的支持和高配置的后勤保障团队，让队伍从成立之初就站上了高起点。外教杰夫·潘在队伍创建后就负责重点队员的训练，这位都灵冬奥会银牌得主带来了专业化的指导和经验，带领着队员们从零基础慢慢成长起来。同时，科研、医疗、康复等复合型团队作为后勤保障，也保证了训练工作的有序展开。

受到季节和场地限制，钢架雪车队长期在欧洲、北美等地训练比赛，队员们要克服最初对项目本身的恐惧感以及在国外训练生活的不适应。

孙帆表示，只有不断尝试，积累滑行经验和赛道经验，提高滑行的水平，才能放下恐惧的包袱去投入比赛，为此，运动员至少要经过几十次的上冰训练，不断挑战自己。“经过3年多的时间，队员们基本适应了国外训练，但是现在在饮食方面还是不习惯，会有掉体重的情况出现。”他说，每个赛季4个多月的冰期是队伍最忙碌的时间，队伍会迎来非常密集的赛事安排，“几乎每个星期都有比赛，队员们很珍惜参赛机会，每个星期他们都是在转场、赛前训练和比赛中度过的。”

未来可期

闫文港曾经是一名跳远运动员，2015年转项到钢架雪车，也为他的运动员生涯开启了新的篇章。

进入新周期，随着跨项选材力度的加大，中国国家钢架雪车集训队也在不断注入新鲜血液。目前队伍由比赛组、发展组和青年组构成，既有能在世界杯、洲际杯比赛中积累经验、提升实力的尖子选手，也有为项目长期发展所积累储备的年轻队员。

“新队员在这个赛季的进步也很大，他们的努力形成了队中的良性竞争，对老队员提高水平也起到了促进作用。”孙帆说，“每位队员对自己的要求都很高，每场比赛他们都想获得更好的成绩，这促使他们不断地挑战自己，不断进步，我可以感受到他们对胜利的渴望和对项目的热爱。”

这枚欧洲杯金牌既是对队伍过往努力的一种肯定，更是一个新的起点。“这次夺金只是代表我们在这个项目上刚刚入门，追赶的路还很长，我们和世界高水平选手的差距依然很大。”孙帆说，这个赛季，队伍还有10多场比赛要打，每一次出发队员都将全力以赴，力争为中国钢架雪车创造佳绩，“我们会努力提高水平，尽快缩小差距，如果有一天我们能在世界杯中进入前八名，才是真正进入了钢架雪车的高手俱乐部。”

（来源：《人民日报》2018 年 12 月 10 日）

尼科尔：逐梦北京冬奥的白衣天使

当尼科尔·西尔维拉站在北京冬奥会钢架雪车测试赛的赛道上，她感到难以言说的激动。“当我站在这个被群山环绕，蜿蜒起伏的‘东方巨龙’般的赛场时，我仿佛置身于电影《花木兰》一般。仅仅是站在这里，我就已经很有成就感和满足感了。”巴西钢架雪车运动员尼科尔表示。

三年前，当尼科尔正式接触钢架雪车时，巴西这个被沙滩、足球包围的热带国家也进一步与北京冬奥会结缘。近日，尼科尔·西尔维拉接受人民网专访，向我们讲述奥运会之于运动员的非凡意义。

训练仅三年　期望将巴西国旗带到北京

今年27岁的尼科尔出生在巴西南大河州，7岁随父母移居加拿大。2018年，她正式接触钢架雪车，开始了冬奥“逐梦之旅”。“一开始我是雪橇运动员，坐在雪橇最后负责推车和刹车。但在尝试了一个赛季之后，我感觉那不是我想要的，于是我更换了项目。”尼科尔说道。

巴西冬季运动联合会告诉她，目前还从未有运动员在冬奥会上代表巴西出战钢架雪车项目，所以她的选择和努力必将是历史性的。短短三年，她便成绩斐然。在最近的美洲杯和洲际杯9场比赛中，尼科尔斩获6枚金牌和2枚铜牌，位列美洲杯积分榜第一名。而三年前的她，在美洲杯比赛中仅位列第18名。

据悉，2022年北京冬奥会将是巴西第9次参加冬季运动会，而且在本届冬奥会上，巴西很可能打破参赛人数和项目种类的纪录。尼科尔表示，希望自己在北京冬奥赛场上可以身披巴西国旗为国争光。

推广冬季运动　身兼数职只为逐梦冬奥

巴西大部分国土位于赤道与南回归线之间，冰雪的颜色在这个终年浸浴在阳光之下的国度并不明显。由于地理因素，冬季运动项目并不是巴西体育界的主攻方向，但近几年该国也在努力推动冬季运动发展，如修建相关运动场地等。

尼科尔表示："我希望通过自身努力，让更多巴西人感受钢架雪车的独特魅力。我们之前在社交平台上发起投票，超过60%或70%的人表示并不了解该项运动。因此，我认为冬奥会是一个推广这项运动的很好契机。"

除运动员身份之外，尼科尔还是一名白衣天使。为了实现冬奥梦想，护理专业毕业的她打了四份工。"我曾在一家医院从事心脏手术术后护理工作，也在儿童医院工作过。新冠肺炎疫情期间，还负责在医院入口给人们进行相关检测，我还做过新冠疫苗的接种工作。"尼科尔一边说一边展示着她穿护士服的照片。照片中，她带着自信而阳光的微笑。

没有周末的闲暇时间对尼科尔来说早已是家常便饭，每天的生活让她感到很充实。去年，尼科尔在圣诞节的两周假期也在工作，因为救死扶伤让她感到很有成就感，同时也在为她的梦想加油蓄力。

钢架雪车是一项非常危险的运动，滑行时需运动员头部朝前，滑行速度最快可达130千米每小时。在问及是否有过放弃念头的时候，她的回答是“从来没有”。只因“热爱”，所以“坚持”。一年前，她曾不慎从赛道飞出挫伤脚踝，大大小小的瘀青和擦伤更是不计其数，但这一切都无法阻止这位“白衣天使”的冬奥逐梦之旅。

参加北京测试赛　希望在冬奥会实现梦想

尼科尔在她的社交平台上还发布了她来北京参加冬奥测试赛的小视频，从视频中可以看出她的激动和期待。“这是我第一次来中国，提到中国我第一个想到的就是长城上人山人海的场景。这次我们在大巴上也看到了长城，由于新冠肺炎疫情人少了很多，但是这并没有影响长城的壮美。”尼科尔说。

钢架雪车比赛将在北京冬奥会延庆赛区国家雪车雪橇中心举行，场馆共设有16个角度、坡度不同的弯道。尼科尔说：“我很喜欢我的北京之旅，尤其是比赛场馆真的非常好看。还有各项基础配套设施，有休息室、健身房等，非常方便。我还品尝了中国美食，其中我最喜欢汤圆，这些要比我在加拿大吃的中餐好吃多了。”

在不久前刚结束的北京钢架雪橇测试赛中，尼科尔代表巴西获得了第8名。对此，她表示：“仅仅是站在测试赛的赛场上已经让我心潮澎湃。要知道，身穿国家队队服代表国家比赛，是一件非常令人骄傲和自豪的事。”对她来说，获得奥运会参赛资格已经是对她三年努力奋斗的见证。

艰辛的付出终有回报。12月7日，在巴西阿拉卡茹，尼科尔荣获“巴西年度最佳冬季运动员”的称号，这也是对她职业生涯的肯定。她表示，奥运会是运动员在全世界瞩目下展现努力和成就的一种方式，对运动员来说是无上的殊荣，是实现人生梦想的地方，也是对挥洒的汗水最好的印证与嘉奖。

（来源：人民网，2021年12月9日）

08

高山滑雪

高山滑雪小百科

小百科

高山滑雪（Alpine Skiing）起源于欧洲，又称“阿尔卑斯滑雪”。高山滑雪也被誉为“冬奥会皇冠上的明珠”。

高山滑雪诞生于越野滑雪，回转和滑降是其最基本的核心技术动作。1850年，在挪威的泰勒马克郡出现为了改变方向和停止滑行的旋转动作。1868年，挪威滑雪运动奠基人诺德海姆等人在奥斯陆滑雪大会上表演了侧滑和S形快速降下技术。1890年，奥地利的茨达尔斯基发明了适合阿尔卑斯地区特点的短滑雪板及滑行技术；1905年，他在维也纳南部的利林费尔德进行了高山滑雪史上第一次回转障碍降下表演。1907年，英国创立阿尔卑斯滑雪俱乐部，这是世界上第一个高山滑雪组织。1910年，奥地利的比尔格里上校组织了具有军事性质的高山滑雪学校。1921年，英国的伦恩在瑞士组织了高山滑雪史上的首次回转和滑降比赛。1922年，奥地利的施奈德创办高山滑雪学校。1931年起，世界高山滑雪锦标赛开始举办。1936年，高山滑雪首次被列为冬奥会比赛项目。

高山滑雪是使用固定后脚跟装置的滑雪板，顺着白雪覆盖的斜坡向下滑行的运动。

小百科

高山滑雪比赛项目分为速度项目和技术项目两种。速度项目又分为滑降（男、女）和超级大回转（男、女），技术项目分为大回转（男、女）、回转（男、女）；再加上滑降与回转合二为一的高山滑雪全能（男、女）以及混合团队比赛，共11小项。按照平均速度排列，从高到低，依次为滑降—超级大回转—大回转—回转，旗门数则相反。回转比赛要求选手急速过弯，所以场地弯道较多，呈蛇形；而大回转则要求更为宽阔且转弯幅度大的赛道。大回转与滑降赛弯道较少，且设置了较为宽的关口，以滑降项目为例，运动员通过旗门的平均速度为100千米每小时左右。

在高山滑雪比赛中，不同项目间隔出发时间不同，需要视现场情况而定。在比赛中，运动员必须穿越相应数量的旗门，碰倒旗杆不算犯规；如果漏过任何一个旗门，则为犯规，不计成绩。

高山滑雪将速度与技巧完美地结合在一起，运动员在滑行过程中左右盘旋，将健美与优雅融于一体，一直深受广大观众的欢迎。

北京2022年冬奥会高山滑雪项目将产生11枚金牌，比赛

小百科

在延庆赛区举行。

<table>
<tr><th>男子项目</th><th>女子项目</th><th>混合项目</th></tr>
<tr><td>滑降</td><td>滑降</td><td rowspan="5">混合团体</td></tr>
<tr><td>超级大回转</td><td>超级大回转</td></tr>
<tr><td>大回转</td><td>大回转</td></tr>
<tr><td>回转</td><td>回转</td></tr>
<tr><td>全能</td><td>全能</td></tr>
</table>

（来源：人民网、新华网、北京冬奥组委官网）

冰雪故事

从0到1的跨越：
见证中国残疾人高山滑雪项目发展

在北京延庆西北部，依托小海坨山天然山形，7条雪道已粗具雏形。一条落差800多米的赛道上，中国残奥高山滑雪队运动员们正在进行超级大回转的训练，高速的滑行带起雪籽纷飞。

在赛道旁的山崖上，意大利人卡佩利·达里奥紧盯每一位从起点高速滑下的队员，遇到一位动作不规范的队员，他身体前倾、大声喊着提示语，“Stand，stand，stand!”

就在一周前，他们结束了北京冬残奥会的测试赛。“我对队员们测试赛的表现非常满意，在这一很陡、很有技术含量的新赛道上发挥出稳定的表现，我感到非常欣慰。”达里奥说。

50岁的达里奥现在是中国残奥高山滑雪队的主教练。他5岁就开始学滑雪，23岁获得意大利国家级教练二级证书，29岁开始大量参加地方高山滑雪比赛并获得冠军，多次参加国家级比赛并代表意大利国家队参加国际性比赛。达里奥26岁开始执教残疾人滑雪，执教成绩包括2006年都灵冬残奥会、2018年平昌冬残奥会的多枚金牌。

高山滑雪被称为“勇敢者的运动”，已有约百年历史。在中国，这一冰雪项目从无到有，仅花了几年时间，而且在一些小项上取得较好成绩。

在队员们看来，有这样的成绩，达里奥丰富的高山滑雪运动经验及执教经验功不可没。“达里奥教练看起来比较粗犷，但实际上非常细心。高山滑雪运动员大多分为坐姿组和站姿组，不同组别的装备不同，而每次换装备，他都会亲自帮助调整。包括选择什么样的蜡，怎么修板，怎么维护，他都会细心教授。他每次训练会背一个大背包，里面装着起子、白板等，帮助队员调整雪板或者画一些技术、战术图。”26岁的中国残奥高山滑雪队队员刘思彤学习高山滑雪5年，已在多个世界级比赛中取得好成绩，包括意大利世界杯金牌。

刘思彤介绍，在一次世界杯比赛的时候，自己竞技状态不好。“好像没人能理解我站在出发点时是怎样的心情。因为达里奥教练也是运动员过来的，他告诉我‘站在起点的那一刻，首先超越的是自己，然后才是对手’。这些话给了我特别大的鼓励。他还教我怎么过旗门，怎么打杆，如何在不受伤的前提下还能突破自己。”

“此前成绩总是在20名徘徊，在教练指导下，现在能跻身前几名。”27岁的队员孙宏盛说，“而且我最开始练习的时候恐高，总会害怕。教练找心理医生帮我开导，而且总是想尽办法让我克服这个问题。包括坐缆车的时候，他会说些笑话，分散我的注意力。”

19岁的队员张梦秋第一次出国比赛的时候，看到一些外国选手的表现，觉得他们非常厉害。后来她通过努力和练习，实现了反超，现在成为教练最得意的门生。

2021年春节，达里奥和队员们放弃了和家人团聚的机会，在河北崇礼紧张备战冬残奥会。“由于疫情原因，我们无法出国参加比赛，这对于我们积累大赛经验来说，有比较大的影响。因此，只能通过争分夺秒的训练来弥补经验的不足。”

中国残奥高山滑雪队组队初期有70人，如今在训的有26名精英运动员，他们当中的部分运动员也将代表中国出现在2022年冬残奥会上。

“这些队员在技术上进步明显，不过在力量上还有所欠缺。因此现在我们上午进行实地练习，下午有专项的体能训练。晚上还会进行视频分析。”达里奥说。

“这是我执教中国残奥高山滑雪队的第三年。从初学者到现在成熟的专业运动员，队员们进步很大。希望能带领他们站上冬残奥会的领奖台，如果可能的话，能带领他们去我的家乡意大利参加2026年冬残奥会。”达里奥说。

（来源：新华社，2021年3月3日）

高山雪道救死扶伤

“别动我，你们不专业!”看到前来施援的医生，受伤的残疾人运动员态度坚决，不愿接受治疗。

这是2021年2月，在北京冬奥会和冬残奥会“相约北京”测试活动中出现的一幕。回想起当时的场景，国家高山滑雪中心场馆副医疗官、北京积水潭医院脊柱外科主任医师袁强记忆犹新。

“一听就知道，这名运动员在国外参赛经验丰富，对医疗救援流程很了解，但是对我们还不够信任。”袁强回忆道，运动员当时出现了肩关节脱位，“对我们来说，这样的伤病‘手到擒来’。医生迅速成功复位，疼痛立马缓解，运动员见识了中国‘滑雪医生’的实力”。

从零开始正式“成团”

位于延庆的国家高山滑雪中心，是2022年北京冬奥会和冬残奥会赛场。作为冬奥项目中的“速度之王”，高山滑雪运动员从长度约3000米、落差近900米的赛道滑下时，最高速度可达140千米每小时，风驰电掣，极具观赏性，但也给医疗救援带来极大挑战。

在此之前，国内还没有一条符合奥运标准的高山滑雪赛道，专业的医疗保障更无从谈起。为此，北京冬奥组委等部门在2018年组建“中国冬奥滑雪医疗保障梦之队”。来自北京积水潭医院、北京协和医院、北京大学第三医院等十几家医院的40多名医护人员通过选拔考核，成为驰骋雪道的“滑雪医生”。

“刚进队时，我对高山滑雪没有什么了解，以为跟平时的休闲滑雪差不多。”国家高山滑雪中心场馆副医疗官、北京积水潭医院创伤骨科医师郭祁是“梦之队”的一员。队伍组建时，他作为代表到加拿大考察高山滑雪世界杯医疗保障，一下子开了眼界。“在加拿大，很多参与雪上急救的医生从小就会滑雪。高山滑雪赛道的滑行难度、极端条件下的救援和装备要求，跟休闲滑雪完全不一样。”郭祁说，尽管有滑雪基础，心里仍然很忐忑。

与一般的滑雪赛道不同，高山滑雪赛道使用的是“冰状雪”，表面非常光滑，危险系数极高。据统计，在国际大赛上，参赛选手的受伤概率高达15%，赛场工作人员也是“高危人群”，这些都属于医疗保障的覆盖范围。

迎难而上，2018年雪季，中国滑雪医生正式“成团”。滑雪技能强化培训，是滑雪医生跨越的第一道难关。

根据国际雪联规定，在高山滑雪赛场，一旦运动员发生受伤事故，救援医生必须在4分钟内赶到现场。“实际上，算上清空赛场等必要的流程，通常留给滑雪医生的时间只有不到1分钟。”袁强说，这对于医生的滑雪技能提出了极高要求。

从2018年开始，队员们每个雪季都要集中参加4次(周)滑雪培训。为了让滑雪技能“炉火纯青”，许多医生在繁忙的门诊和手术之后放弃休息，自费练习。

在“梦之队”中，担任领队的袁强是唯一一个“零基础”的队员。

“比赛时，我在指挥室中安排各站点滑雪医生的行动。虽然不用上雪道，但只有自己学会滑，才能更好地了解每个滑雪医生的水平和特点。”袁强说，学习之初，他就给自己定下目标：用一年的时间超过一半队员。

一个雪季之后，袁强果然没有食言。整个团队医生的滑雪技术同样迅速提升，通过了国际雪联的专业考核，得到了各国专家的认可。

高强度的训练压力下，包括袁强在内的不少医生都受过伤。

“腰椎骨折、锁骨骨折、肋骨骨折、踝关节骨折、肩关节骨折……”国家高山滑雪中心场馆医疗官、北京积水潭医院消化内科主任医师梁学亚说，“虽然受了伤，可没有一个人退缩。大家都在微信里说，等伤好了再上战场，为国争光。这就是我们团队勇敢、拼搏的奉献精神。”

生命救治随时出发

作为滑雪医生，会滑雪、能治疗还远远不够。国家高山滑雪中心场馆副医疗官、北京积水潭医院创伤骨科主任医师李庭说，“滑雪医生就像在大海里游泳，还要把溺水者从海里捞出来，在低温的环境下进行包扎、止血、插管等急救措施。”

比赛时，赛道上的温度可能低至零下二三十摄氏度，地势复杂、风向多变。在高山赛道和低温条件下穿着雪板去救援，对再优秀的医生来说，都是极大的挑战。

高山滑雪医疗保障团队的医护人员来自麻醉、骨科、脑外、胸外等诸多科室。郭祁说，针对赛场上可能出现的受伤情景，团队不知进行了多少次“桌面推演”。在缺乏既往经验的情况下，各个专业的医生集思广益，通过频繁推演和实战测试，编写出可供参考的高山滑雪救援技术手册。

在1个月前的测试活动中，一名运动员在比赛中意外摔倒“挂网”。前来救援的滑雪医生脱下雪板救援时，也因赛道陡峭和体力不支连连打滑。发现问题后，所有的滑雪医生第二天全都主动来到赛道，在最陡的地方练习穿脱雪板和挂网救援。

“命令一到，大家马上穿好雪服、背上急救包、拿着雪板，不用几分钟就坐缆车上去了。这些医生平时在工作单位里都是骨干，到了赛场上也是生龙活虎，具备极强的学习能力。”梁学亚说。

据梁学亚介绍，高山滑雪赛场的医疗保障是一个立体服务体系。按照比赛要求，在高山滑雪赛道上，每隔三四百米应设立一个赛道医疗站，并配备2名滑雪医生和4名巡逻队员。运动员一旦受伤，滑雪医生和巡逻队员要就近及时救治，给予初级生命支持后迅速转运。

除了赛道医疗站外，赛场上还设有运动员医疗站。受伤运动员转移至此后，由站点医生进一步治疗。此外，赛场还配备救护车和救援直升机，及时将伤员转运至定点医院。在测试活动和比赛中，整个救援系统的精准配合和顺利运行非常重要。

李庭便是一名忙碌在运动员医疗站的医生。“我所做的工作是‘高级的生命支持’，即在赛道救援的基础上，帮助伤员平稳生命体征，并判断是否通过救护车或直升机转运。”

反复的培训和演练，让李庭和同事的工作做到了极致——进门时担架几个人抬、如何倒手？什么情况下用药和输液？120急救车停在哪里合适？——一切都为了在最短的时间内完成救援，保障运动员的生命安全。

安全护航期待亮相

在冬奥会赛场，医疗保障工作往往在镜头和公众的关注之外。可一旦运动员在赛场上出现伤情，医生的救援过程便可能出现在转播镜头当中，接受全世界的检验。

“到北京冬奥会和冬残奥会时，高山滑雪场馆将有100余人的医疗保障团队。我们会以最快的速度、最好的治疗方案、最佳的保护措施，为安全办赛保驾护航。”梁学亚说。

根据北京冬奥会的赛程安排，高山滑雪赛事于2022年2月6日开始。这意味着，提前进驻赛场的医生们，注定要在赛场上过春节了。

“大家基本都是上有老、下有小的年纪，虽然到时不能跟家人团聚，但我们彼此包容、互相鼓励，这段经历一定会成为人生中的一大财富。”梁学亚说。

“咱们不但要达到国际水平，还要引领国际水平!”李庭说，这虽然是中国滑雪医生第一次亮相，但标准和要求一定是最高的。

袁强清楚地记得，团队成员耐心与受伤的残疾人运动员沟通后，迅速对其进行了高水平治疗。国家队和国家残奥队的教练和队员看到医疗站里充足的药品和专业的设备，也竖起了大拇指。

“测试活动结束后，我们到医疗站里搬运设备时，遇到了还在训练的国家队和国家残奥队。他们很不舍地说：‘你们撤了，谁给我们保障呢？’”袁强说，队员的依赖，让大家更有信心了。

（来源：人民网，2021 年 3 月 31 日）

09

花样滑冰

花样滑冰小百科

小百科

花样滑冰(Figure Skating)起源于18世纪的英国，后相继在德国、美国、加拿大等国迅速开展。1772年，英国皇家炮兵中尉约翰逊撰写的《论滑冰》在伦敦出版，这是世界上第一部涉及花样滑冰的书籍。1863年，美国芭蕾舞表演艺术家海因斯将滑冰运动与舞蹈艺术融为一体，在欧洲巡回表演，丰富了花样滑冰的内容和形式。1868年，美国的丹尼尔·梅伊和乔治·梅伊首次表演双人滑，这是世界上有记载的最早的花样滑冰表演。1872年，奥地利首次举办花样滑冰比赛。1896年，俄国彼得堡举行首次世界男子单人花样滑冰锦标赛；1906年，瑞士达沃斯举行首届世界女子单人花样滑冰锦标赛；1952年，法国巴黎举行第一次世界冰上舞蹈锦标赛。

与其他竞技运动不同，花样滑冰是一项艺术与运动结合的体育项目，除了要掌握冰上技术，对运动员的艺术表现力也有极高的要求。在音乐伴奏下，运动员穿着脚底装有冰刀的冰鞋、靠自身力量在冰上滑行，表演预先以技术动作为基础编排的节目，在冰面上滑出各种图案、表演各种技巧和舞蹈动作，由裁判组评估打分、排出名次。

1924年，花样滑冰被列为首届冬奥会比赛项目。

小百科

奥运会花样滑冰冰场一般长56—61米，宽26—30米，冰的厚度不少于3—5厘米。

花样滑冰有5个项目：男子单人滑、女子单人滑、双人滑、冰上舞蹈和团体赛，比赛均在室内进行。它要求运动员在冰场上，以40千米每小时的速度完成各种高难度动作，同时还要用自己的艺术表演诠释背景音乐，感染裁判和观众。这项运动涵盖体育、艺术、音乐、舞蹈等，对运动员的要求非常高。

男子项目	女子项目	混合项目
男子单人滑	女子单人滑	双人滑
		冰上舞蹈
		团体赛

（来源：人民网、北京冬奥组委官网）

冰雪故事

花样滑冰世界冠军陈露

——在孩子心中播下冰雪运动的种子

“要学习冰球，首先得‘耐摔’。跌倒了怕什么？再来！”一个周六的上午，花样滑冰世界冠军陈露正为一场青少年冰球训练赛提供指导。在陈露眼中，这群10岁左右的孩子或许技战术还稍显稚嫩，但对冰球运动的热爱与渴望都写在了脸上。

运动员时期，陈露曾在1994年、1995年分别为中国夺得首枚花样滑冰奥运奖牌和世锦赛金牌。退役后，陈露在多地开办冰场和滑冰俱乐部，用专业的理念和教学方法，把一拨又一拨孩子领进冰雪世界的大门。

助力孩子全面成长

20世纪90年代，中国花样滑冰的整体水平还不高，陈露代表国家队出征国际赛场常常是“单打独斗”。当时她就希望，自己的队友越来越多，练滑冰的中国人越来越多。

退役后的陈露在北京、深圳等多地开办了专业冰场。令她难忘的是，第一家冰场在深圳开业时，许多人连穿冰鞋都不会，“摸着冰面能激动半天”。这让她坚定信念，要借助专业的理念和教学，开拓国内冰雪培训市场。

如今，陈露国际冰上中心每周能吸引200多名学员前来学习，花样滑冰和冰球两个项目教练团队以来自加拿大、俄罗斯等国的资深教练为主。“我们的训练注重学员在初学阶段打好身体基础，随着年龄增长，不断磨炼技术，循序渐进。”冰上中心负责人表示，在这一训练体系下，学员成长很快。

“比起把他们训练成优秀的运动员，我更希望把他们培养成为全面发展的人。”陈露用这样的理念启蒙初学者，不仅教会技能，更让孩子们通过上冰感受体育的魅力，在运动中培养坚韧不拔、顽强拼搏的意志。

参与冰雪运动推广

作为北京市中小学生冰雪运动普及推广活动形象大使，陈露这些年多了与学生接触的机会。“刚开始，孩子们连夏奥会和冬奥会都分不清楚，我们就从冬奥常识开始讲解，现在大家不仅能区分不同的冬奥项目，参与冰雪运动的孩子和家庭也越来越多。”

家住北京海淀区的李女士，每周都驱车往返60公里，把两个儿子送到陈露国际冰上中心学冰球。孩子在练习冰球过程中的成长也显而易见：体格强健了，意志坚定了，懂得了团队精神，也收获了友情。李女士认为，体育也是促进孩子全面成长的重要教育手段。

李女士10岁的大儿子学打冰球近5年，但这在她的“朋友圈”里依然不算资深。“有朋友的孩子从3岁就开始接触冰雪运动，全家周末一起去滑雪的也不在少数。北京联合张家口成功申办2022年冬奥会后，人们参与冰雪运动的热情被点燃了。”

积极传播冰雪文化

学滑冰的人越来越多，但是比赛的意义只在于拿冠军吗？陈露有着不同的理解。在1998年日本长野冬奥会上，陈露用一枚铜牌宣告了自己的回归。从此前一个赛季的低迷状态走出，她更加明白坚持的意义，珍视逆境中希望的力量，也让她意识到，努力的过程亦是人生价值的一种体现。

陈露希望能用不同的视角去呈现和传播体育精神更深层次的内涵。2021年1月，她参与了一项微电影计划，执导拍摄了一群冰球少年的故事。这个微电影计划，主要是邀请各领域有故事的人来做导演，全程使用手机进行拍摄，讲述有态度、有深度的故事。陈露执导的微电影，正是其中引人注目的一部，满满的正能量和浓浓的冬奥情结，收获了众多点赞。电影中，孩子们懵懂的眼神被教练点亮，他们在“碰撞”中成长，在攻防之间找寻获胜的秘诀。

首次跨界尝试导演角色，陈露把自己当作一个记录者。她将这些年的所见、所思融进微电影中，通过手机的导演视角、超级防抖、一键多拍等功能，更丰富细腻地讲述冰球故事，在这个追求多元的时代用另一种表达方式展现冰雪运动之美。

“推广冰雪运动，一个人的努力远远不够。”陈露说，“社会力量的支持，让更多的孩子有了更多的机会学习冰雪知识，体验冰雪运动。”

（来源：《人民日报》2021 年 2 月 18 日）

羽生结弦：化悲痛为力量的世界冠军

——日本地震灾区走出来的冰上王子

对来自2011年日本大地震重灾区之一的宫城县仙台市的羽生结弦来说，光环的背后有着太多不为人知的曲折与痛楚。

2014年索契冬季奥运会，为日本夺得花样滑冰首枚男单金牌，也是本届冬奥会日本代表团唯一一块金牌获得者，羽生结弦回国后人气飙升。

载誉而归，脸上却少了笑容

不过，对来自2011年日本大地震重灾区之一的宫城县仙台市的羽生结弦来说，光环的背后有着太多不为人知的曲折与痛楚。

在媒体见面会上，当记者问他为何脸上少笑容时，羽生结弦回答说，赛场上有没有达到完美表演的因素，也有没觉得有什么特别值得高兴的因素，现在脑子里更多的是地震灾区的事情。也是站在了冬奥会的最高领奖台上以后，自己也在思考身上到底发生了什么，常常感到一种无力感袭来。

只有19岁的羽生结弦如此想。他的心仍然系在还没从地震伤痕中恢复起来的故乡仙台和整个东北地区。

地震袭来，还能从冰场上站立起来?

2011年3月11日14点46分。此时，羽生结弦还在训练场

“冰场仙台”训练。此时，冰上仿佛打起了波浪。受地震影响，冰场的破碎之声至今还在耳畔回响。

被突如其来的地震吓蒙的羽生结弦瘫坐在冰场，来不及脱下冰鞋，爬着寻找出口逃命。

瞬间，眼前的一切毁于一旦，倒的倒、塌的塌。

“死定了”，他如此想。只有哭泣别无他策，他呆若木鸡地站在那里。

朝脚下看了看，冰刀刃已经变得破破烂烂，这可是滑冰的生命啊。

还好，最终与家人团聚了，但家已全部毁坏。在避难所度过了4天后，辗转日本各地的冰场，继续在冰上寻找自己的未来。

“自己还能这样滑下去吗？”这个想法支配着他。

重拾信心 · 勇往直前

一个月后，在神户举行的慈善表演打消了他心头的顾虑。同样遭受地震袭击的神户最终得以重建，这给了他信心和勇气。看着那些观看自己表演的观众为自己流泪，更加坚定了羽生结弦一路滑下去的决心。

羽生结弦坚信自己的表演所蕴藏的巨大能量，决心向前冲。

震灾发生4个月以后，重新开始了冰上生活。但第二年，决定将训练基地由日本迁往加拿大。

离开满目疮痍的故土，羽生结弦刚开始极不愿意。但为了前程，狠着心离开了家乡。

金牌的力量鼓舞前行的脚步

羽生结弦知道金牌光环的力量。

2005年，当时只有10岁的羽生少年失去了训练场。训练场“冰场仙台”因缺少资金，经营困难曾一度关闭。

金牌的光环，拯救了“冰场仙台”训练场。2006年都灵冬奥会上，从“冰场仙台”走出去的荒川静香，为日本花样滑冰赢得历史上的首枚金牌。在金牌光环的力量下，“冰场仙台”于2007年3月重新开张。

“关闭了2年又重新开张，真的感到高兴。”那时，从荒川静香手里的金光闪闪的金牌身上，羽生结弦看到了自己的未来。

2014年索契冬奥会上，羽生结弦为日本代表团获得唯一一枚金牌。羽生结弦认为，金牌是对背后支持自己的所有人最好的报答。

如今，已成为名人的羽生结弦并没有停下自己的脚步，而是将索契冬奥会视为一个新的开始。

凭自己的力量，为灾区做点事情。人们从羽生结弦坚毅的目光中看到了他崭新的未来。

（来源：人民网，2014 年 2 月 27 日）

10 速度滑冰

速度滑冰小百科

小百科

早在13世纪，速度滑冰（Speed Skating）便在荷兰出现了。最初使用的是木质的冰刀，到10世纪时，出现了骨质冰刀。滑冰开始成为竞速比赛也是在荷兰，历史可以追溯到1676年。

从1850年钢质冰刀问世后，速度滑冰如虎添翼，得到了飞速发展。到了19世纪早期，荷兰人开始把速度滑冰的概念传输到欧洲各国。1863年，首次官方的速滑比赛在奥斯陆进行；1885年，第一项重要的国际性赛事——首届欧洲冠军赛在德国汉堡举行。1893年，荷兰阿姆斯特丹举行了第一届男子速滑锦标赛。1892年，国际滑冰联合会在荷兰舍维宁根建立，这是冬季运动中最早成立的国际联盟。

速度滑冰是运动员在规定的冰场上和规定的距离内，进行滑行速度激烈竞争的项目。从1924年首届冬奥会开始，速度滑冰就是奥运正式项目，但当时只允许男子参加。女子速滑在1932年冬奥会上被列为试验项目，直到1960年冬奥会才成为正式竞赛项目。

速滑是一项能让人类不借助外力在平面上达到最快速度的体育项目，奥运冠军们最快速度能超过60千米每小时。比

小百科

赛在周长400米的跑道上进行，跑道由两条直线和两条180度的弧线连接而成，分内、外两道，道宽5米。内跑道的内圈半径为25米，外跑道的内圈半径为30米。起跑时，运动员采取蹲立式，以便有强大的爆发力。

选手被分成两人一组，道次安排和出发顺序通过抽签随机决定。同组的两位选手在发令枪响后，绕着冰道逆时针滑行，率先达到终点的获胜。由于速度太快，成绩往往异常接近，要用百分之一秒计算。每组选手允许一次抢跑，如果运动员第二次犯规将被取消比赛资格。每圈过后两位选手在交换区互换内外道位置，这样是为了保证两人的滑行总距离相同。外道的选手优先换道。

在下列情况下，选手将被取消比赛资格：第二次抢跑、滑出自己跑道、在交换区没有换道、在换道时干扰对手。

运动员遇到以下情况时可以重赛：因为严重的干扰而受伤，其中干扰包括对手摔倒。出现这种情况后，该选手可以休息30分钟，然后重赛，取本次成绩和上次成绩中的最好成绩。比赛中，如果选手摔倒，可以站起来，重新投入比赛。当运动员在终点附近摔倒时，将根据选手（包括冰鞋和身

小百科

体）是否完全过终点线判断如何计时。

在1963年第57届世界男子速滑锦标赛上，中国选手罗致焕以2分09秒2的优异成绩，取得男子1500米比赛的金牌，并创造了世界锦标赛的1500米最新纪录。罗致焕成为中国第一位世界速滑冠军。

男子项目	女子项目
500米	500米
1000米	1000米
1500米	1500米
5000米	3000米
10000米	5000米
团体追逐	团体追逐
集体出发	集体出发

（来源：人民网、央视网、北京冬奥组委官网）

冰雪故事

“冰雪先锋”罗致焕的刀锋人生

1963年，一位20岁出头的青年在日本举行的世界速度滑冰锦标赛上夺得男子1500米冠军，成为中国首位速度滑冰世界冠军。他就是罗致焕。

1963年，在去日本参加世锦赛时，罗致焕和他所在的中国代表团遇到各种困难：起飞前2小时还没有办好签证、在日本无法上冰训练、住宿环境恶劣嘈杂……

不过，越是艰苦的环境，越激发了中国运动员的爱国心和好胜心。当罗致焕站上领奖台最高处，当五星红旗升起、台下华侨高呼“中国万岁”时，赛前经历的艰难险阻成为他们成长路上宝贵的财富。

罗致焕用这块金牌让中国冰雪运动走进国际视野，但这块金牌背后的来之不易却是常人难以想象的。

年轻时的罗致焕在家乡黑龙江训练时，都是在户外的天然冰上进行。为了提早上冰训练，运动员们要先坐火车，然后转大卡车抵达黑龙江省北部的黑河市，最远的需要花费56小时。

10月的黑河市，冰还没有完全冻实，罗致焕和队友们时常遭遇由于冰面破碎而掉进水里的“酷刑”。当问起罗致焕是靠着什么样的信念坚持下来时，他铿锵有力地说：“我们的任务就是训练，我们不能辜负了党和国家对我们的期望。”

20世纪70年代，罗致焕任教练。身份的转换，让他以另一种角度关注、参与中国的速滑运动。当提到张虹索契冬奥会夺冠时，罗致焕言语中透出深深的骄傲。

与当年的训练条件相比，现在的运动员们从训练装备到营养餐食供给，都有大幅度提高，这也让罗致焕对新一代滑冰运动员们寄予期待：“2022年冬奥会，我们有能力取得更好的成绩！”

从当年我国的冰上体育成绩落后于世界平均水平，到如今冬奥会在中国举办，“现在条件优越的室内冰场，让普通百姓也可以享受到不受季节限制的冰上娱乐，这变化太大了。”罗致焕说。

作为中国冰雪运动开先河式的人物，罗致焕并不是仅仅记住了世锦赛夺冠的荣耀，他更难忘的是那个年代，在各种不利条件下，运动员、教练员等拥有的强烈爱国心和上进心。现在，罗致焕最大的心愿，就是能够去现场观看2022年冬奥会的比赛。

（来源：新华社，2019年10月2日）

张虹：成功因付出艰辛和汗水

这是中国人第一枚速度滑冰(大道)冬奥会金牌，张虹和她滑出的1分14秒02都将载入史册。张虹的成功意味着中国速滑马年吉祥。几十年的努力，我们终于成功了！终于翻身了！从这枚历史上的速滑首金开始，中国速滑会越来越好。

张虹的成功首先来自她以前练习的短道速滑。张虹在2008年从短道速滑转到大道速滑，之前的短道训练给了她帮助，比如在体能和弯道技术方面。她也把短道速滑上的优点带进了大道速滑，这也成为她的优势。比赛场上，张虹在弯道扣圈扣得很紧，而且她弯道加速能力非常强，这是她练习了7年短道速滑之后的收获。

张虹的1000米完成得非常漂亮，1分14秒02也是她的最好成绩。在2014年1月18日至19日在日本长野的分站赛中，她也曾滑出了1分15秒06的好成绩。这两年她个人成绩突飞猛进，短道速滑给她插上了腾飞的翅膀。

张虹的成功还来自于她的比赛气质。从女子500米决赛开始，她就显露出自信和霸气，首次参加冬奥会，就夺取女子500米第4名，已经相当好了。她的优势并不是起跑，而是200米到400米之间的加速能力。2012年她在1000米比赛中单圈是最快的，因此这次1000米夺冠不是偶然。

张虹的身体条件不是很出色，她是依靠后天努力才成功的。而且她和哈尔滨市体工队教练冯庆波配合得很好。站在最高领奖台上，她付出了艰辛和汗水，这就是成功的原因。

（来源：《北京晚报》2014 年 2 月 14 日）

李奇时：书写冬奥“小奇迹”

在当地时间2014年16日傍晚进行的索契冬奥会速度滑冰女子1500米比赛中，20岁的中国运动员李奇时以2分0秒89的成绩获得第27名。尽管这样的名次乏善可陈，但是这位首次参加冬奥会的吉林姑娘在来索契之前已经创造了小小的“小奇迹”。

索契冬奥会是李奇时第四次参加正式的速度滑冰比赛。直到去年，她还是一位短道速滑选手。在获得全国短道速滑比赛的全能冠军之后，李奇时为自己长达10年的短道生涯画上了圆满的句号，开始改练速度滑冰，师从著名教练乔静。

李奇时第一次参加正式速滑比赛就是索契冬奥会的国内选拔赛，结果她就拿到了代表中国队参加国际比赛的资格。第二次参赛是在美国盐湖城举行的冬奥会选拔赛，李奇时在女子1500米比赛中滑出1分57秒54的成绩，为自己和中国队获得了一张宝贵的冬奥会入场券。

“我从来没想到奥运会离我这么近，”李奇时说，“抓住一个机会，你就成了。”

李奇时透露，从短道改练大道，收获很多，但是过程其实也很艰难。为什么拿到全国冠军还要改练短道？李奇时说：“短道项目要想取得成绩需要天时、地利、人和，还有幸运的成分，当然这也是短道的魅力。速滑项目的话，付出和收获基本成正比。”

9岁开始练习短道的李奇时在这个项目上付出了10来年的努力，换项之后她仍充满信心。

“这次滑得没有想象的好，后程技术动作没掌握好，成绩没有预想的好，没能展现最好的一面，”李奇时说，“但是，来奥运会大开眼界，我很期待下届比赛，我会努力取得好成绩，展现最好的一面。”

中国选手在这个项目上的冬奥会最好成绩是王霏在2006年都灵冬奥会上获得的第12名。在李奇时看来，正因为中国选手成绩还不是那么好，所以有更大的提升空间。

“正因为跟世界水平还有差距，这也是我们努力的方向和动力。我相信只要努力一切都会改变。现在的确离得还很远，但是下次不会这么远。”

（来源：新华社，2014年2月17日）

11 跳台滑雪

跳台滑雪小百科

小百科

跳台滑雪（Ski Jumping）起源于挪威，它是一种以滑雪板为工具，在专设的跳台上，以自身体重通过助滑板获得速度，比赛跳跃距离和动作姿势的雪上竞技项目。它的技术要点包括助滑、起跳、空中飞行、着陆和终止区滑行。

初期的跳台滑雪利用山坡等自然地形进行，19世纪80年代开始出现土木结构的跳台。随着空中滑翔技术的提高，新的跳台设计也不断出现，1926年瑞士在格劳宾登州的蓬特雷西纳建成60米级跳台，1927年又在圣莫里茨建成70米级跳台。20世纪30年代，大跳台达到90米级。1976年，标准坡度和大坡度被定为K90和K120。

1971年，国际滑雪联合会决定每两年举行一次世界跳台滑雪锦标赛。1972年，首届世界跳台滑雪锦标赛在南斯拉夫举行。跳台滑雪从首届冬奥会即被列为比赛项目，其中大跳台项目从1964年正式列入冬奥会项目。

在跳台滑雪比赛中，运动员从站台出发，由助滑坡开始下滑，采用弓身下蹲姿势，在“起飞”时，运动员两腿伸直，双臂伸直贴放于身体两侧，身体前倾与双滑雪板平行，两只滑雪板与脚底呈锐角上仰。在即将着地的一刹那，运动员身体抬起，一只脚放在另一只的前面，双膝弯曲进入回转

小百科

急停姿态，并将两臂张开以保持身体平衡。

北京2022年冬奥会跳台滑雪项目在张家口崇礼区的国家跳台滑雪中心进行。跳台滑雪比赛共设置男子个人标准台、男子个人大跳台、男子团体、女子个人标准台、混合团体共计5个小项，其中混合团体是新增项目。

（来源：人民网、央视网、北京冬奥组委官网）

冰雪故事

常馨月：2022年，不会只有我一个人

“我很喜欢飞。可能空中飞行这个环节做得比较好吧。”中国跳台滑雪选手常馨月2018年2月10日在平昌阿尔卑西亚跳台滑行中心谈及自己的优势时笑道。

当天，平昌冬奥会跳台滑雪女子个人标准台项目举行赛前第二次官方训练。中国队独苗常馨月第16个出场，试跳三次。前两跳在当天参与训练的34名选手中均排名第十，但到了第三跳，由于“不是很好，跳得慢了一些”，常馨月的名次一下子落到第24。但“总体看这个场地特别舒服，我最近状态也很不错，很期待12号的比赛”，她说。

2018年1月底，常馨月凭借在日本举行的世界杯分站赛最后一跳的出色发挥，夺得参加平昌冬奥会的最后一张入场券，成为中国跳台滑雪历史上第一次闯入冬奥会的女子运动员，取得历史性突破。

常馨月是吉林省通化市人，从小练习短道速滑。7年前，听说跳台滑雪项目要招人后，从小就喜欢刺激的常馨

月便萌生跨项挑战的想法。她说，当时对这个项目“没什么了解”，只是觉得“靠两块板在空中飞行，特别厉害，有冒险性”，“刚开始只是尝试尝试，没想到后来就喜欢上了”。

跳台滑雪在中国是一个冷门项目。近年来，依靠选手和教练的不懈努力，中国跳台滑雪取得一些成绩，但依旧远远落后于世界强国。在常馨月看来，缺乏训练场地是制约跳台滑雪在中国普及的重要原因。她说，日本跳台滑雪实力较强，“他们家门口就有跳台，想什么时候练就什么时候练，我们得上他们那儿练，时间上也没有他们宽裕”。

在平昌赛场，常馨月的每一次起飞都将书写中国冬奥历史，但她说，现在考虑的“只有自己的技术动作。没有那么多想法”。“平昌是第一步，我来这里是享受比赛，是来学习”，常馨月说，“但到了2022年，不会只是我一个人，也非常有信心取得好成绩”。

（来源：新华社，2018 年 2 月 10 日）

泥水匠如何成为跳台滑雪传奇？

迈克尔·爱德华兹（他更为大家熟知的绰号是“飞鹰艾迪”）在1988年卡尔加里冬奥会上创造了历史，当时他成为第一位代表英国参加奥运会跳台滑雪的选手。他在70

米和90米的赛事中都只获得了最后一名，但他的故事和非凡的个性令人难忘。

泥水匠也有奥运梦

爱德华兹本应像父亲和其他亲戚一样，成为一名普通的泥水匠。但他不甘于此，他的梦想是参加奥运会。从童年时起，他就展示了勇于挑战的个性。12岁时，他在一场足球比赛中伤到了膝盖，花了两年时间才从伤病中完全康复。但爱德华兹并没有被伤病吓倒，他决定尝试高山滑雪，并证明了自己的能力，还成功入选了英国国家队。

爱德华兹的目标是参加1984年萨拉热窝奥运会，但最终未能获得参赛资格。之后，他仔细研究了跳台滑雪，并意识到如果他参加这项运动，那么入围奥运会的机会要大得多；因为在当时，英国国家队里还没有跳台滑雪运动员。

爱德华兹并不担心学习新项目会遇到困难，因为他有一个明确的目标：参加1988年卡尔加里奥运会。

为一生中最重要的比赛做准备，并不是一件容易的事。他周游世界，经常打临时短工，由于囊中羞涩，几乎无法维持生计。有一次，他甚至住在芬兰的一家精神病院。有趣的是，他在那里收到了入选英国奥运代表队的邀请。没有什么能阻止他在梦想的道路上前进，爱德华兹在成为

“飞鹰艾迪”的过程中，继续着刻苦的训练。

尽管在1987年世锦赛上名列最后，爱德华兹仍然通过跳跃近70米的成绩达到了当时的奥运标准，这意味着他获得了参加卡尔加里奥运会的资格！

成为飞鹰艾迪

作为英国队有史以来第一位奥运会跳台滑雪运动员，爱德华兹在抵达卡尔加里时受到无数粉丝的欢迎，他们举着写有“欢迎飞鹰艾迪来到卡尔加里”的巨大横幅。于是，他有了自己的绰号。

全世界的媒体和粉丝都被艾迪迷住了，他穿着借来的滑雪板和粉红色护目镜参加跳台滑雪训练课，因为他买不起自己的装备。

最终，他在奥运会70米和90米项目的比赛中均获得最后一名的成绩，但由于他是英国第一位奥运会跳台滑雪运动员，因此他仍创下了73.5米的个人和英国最佳纪录。

艾迪通过自己的努力，实现了参加奥运会的梦想，这完美地体现了顾拜旦提出的奥林匹克精神和奥运理想——奥运会最重要的不是胜利，而是参与。正如在生活中最重要的事情不是成功，而是奋斗，但最本质的事情并不是征服，而是拼搏。

（来源：国际奥委会官方网站）

德国队跳台滑雪运动员积极备战北京冬奥会

——访德国前跳台滑雪名将汉纳瓦尔德

尽管最近的表现不尽如人意，但德国跳台滑雪运动员们正在积极备战2022年北京冬奥会，主教练霍恩加赫也正在逐步打造一支有竞争力的队伍，德国前跳台滑雪名将、盐湖城冬奥会冠军斯文·汉纳瓦尔德在接受新华社记者采访时说。

德国名将卡尔·盖格尔和马库斯·艾森比切勒都梦想能够站上北京冬奥会领奖台，德国队也是团体赛的夺冠热门。然而，主教练斯特凡·霍恩加赫带领的德国队近来状态不佳，特别是在刚结束的重要赛事四山赛中。

“我们有非常优秀的选手，我也对他们在四山赛中有很高期待，奥伯斯多夫站比赛后，盖格尔曾一度领先，但是加米施-帕滕基兴站却表现不理想。同样水平的队伍有不少，因此关键时刻你必须拿出应有的实力和表现。”46岁的汉纳瓦尔德说，“我很期待德国队2022年的表现，继我20年前夺冠后再次夺冠，那将是个美妙的故事。”汉纳瓦尔德曾在2002年的四山赛以四站全胜的成绩夺冠，他也成为该项赛事首位包揽四站冠军的运动员。

不过，汉纳瓦尔德相信奥地利人霍恩加赫的执教能力，后者此前曾带领波兰队取得辉煌成绩，包括两届四山赛冠军，并于2019年接过了德国队的教鞭。

“带领德国队和波兰队的感觉不同，而且刚刚接过队伍的时候很难很快执行新的理念，主教练霍恩加赫正在逐步打造一支有竞争力的队伍。”汉纳瓦尔德说，“德国人对跳台滑雪队的期待很高，所以如果成绩好，教练将受到表扬，而两三场稍差的表现就会引起‘讨论’。”这位前世界冠军同时表示：“我认为德国国内对霍恩加赫执教的评价总体是积极的。”

汉纳瓦尔德对刚刚在四山赛夺冠的卡米尔·斯托赫的表现印象深刻。第三次夺得四山赛冠军的波兰人斯托赫是北京冬奥会金牌最有力的竞争者。

“这个赛季开始的时候，卡米尔并不在最佳状态，但从四山赛开始，他一站比一站表现出色。”德国人表示，“卡米尔还需要时间慢慢找到巅峰状态，但他正在正确的道路上前进，并且已经再次展现出最高水准。”

自1953年起，四山赛成为每个赛季跳台滑雪世界杯的固定赛事，分别在德国奥伯斯多夫、加米施-帕滕基兴和奥地利因斯布鲁克、比绍夫斯霍芬举行。在1月6日结束的本届比赛中，斯托赫夺得冠军，盖格尔获得亚军，获得铜牌的是斯托赫的队友大卫·库巴茨基。

（来源：新华社，2021 年 1 月 16 日）

12

雪车

雪车小百科

小百科

雪车（Bobsleigh）起源于19世纪后期的瑞士，也称“有舵雪橇”，是一种利用舵和方向盘控制在人工冰道上滑行的运动。

雪车车体由钢铁和玻璃纤维或碳纤维等高科技材料制成，并设计成符合空气动力学的车身复合体。雪车装有把手，底部有两组独立的滑行钢刃；舵手可以通过雪车内的滑轮系统驾驶雪车。

雪车在1924年首届冬奥会时就已列入比赛项目，最初为四人座，双人座雪车第一次出现是在1932年冬奥会上。双人座和四人座雪车是每一届冬奥会（除1960年）的比赛项目。2022年北京冬奥会新增女子单人雪车比赛。

雪车之所以引人入胜，是因为它高速滑行的时候，选手距离地面非常近，在一连串设计好的减速或增速滑道里，可充分享受那种风驰电掣般的高速行驶带来的刺激感。雪车的速度受到三个因素影响：重量、空气阻力、摩擦，如果这三个因素相等，那么选手与雪橇组合最重的就会跑得最快。

雪车比赛出发前，雪车的橇刃进入槽沟，确保车体不会侧向打滑。出发信号发出60秒内，运动员可以手推雪车，奔

小百科

跑启动获得初始速度，推行距离约为50米，之后逐一跳入车体中。四人车按照舵手、中间队员（2名）、刹车手的顺序，双人车按照舵手、刹车手的顺序依次跳入，并快速收起把手，以坐姿滑行。

雪车的平均时速在100千米左右，最高可达160千米。

北京2022年冬奥会雪车项目比赛在延庆赛区的国家雪车雪橇中心进行，将产生4枚金牌。

男子项目	女子项目
男子双人	女子单人
男子四人	女子双人

（来源：人民网、北京冬奥组委官网）

冰雪故事

中国雪车　点亮从零到一之路

近日，这样一条消息引起国内体育界人士的兴趣：全国雪车锦标赛在加拿大卡尔加里举行。全国雪车比赛为何要在加拿大进行？原来，由于国内目前没有雪车赛道，国家体育总局冬运中心具体问题具体分析，第一次把全国性的比赛放在国外举办，雪车也成为中国竞技体育各个项目中第一个在国外举办全国锦标赛的项目。这是雪车项目第一届全国锦标赛，中国雪车发展篇章上的“第一次”又加了浓重的一笔。

为备战2022年冬奥会，我国在2015年组建了雪车国家队，此前雪车在中国是一片空白。队伍组建两年来，飞速进步，渐渐在国际舞台崭露头角，中国雪车正在一步步稳扎稳打，一步步落实项目发展，在从零到一、从无到有的路上摸索前行。

2017年年初在德国国王湖举办的雪车世锦赛中，中国雪车姑娘第一次登上顶级赛事的舞台，并创造历史挺进决赛。组队不到两年就能获得如此成绩，令国际雪车界惊叹不已。世锦赛结束后，经过短暂的休整，雪车队开启夏训模式，在天津、德国奥伯霍夫、上海、河北崇礼进行了多个阶段的集训。一整个夏天系统规范的训练，队员们在心理、技术、体能等方面取得全面进步，这让队员们士气十足、信心倍增。进入秋天，队伍转战加拿大卡尔加里进行最后的冲刺训练，并在10月底举行了全国雪车锦标赛暨平昌冬奥会测试赛。

在下一个赛季，队伍将按照外教的安排部署，参加多站美洲杯、欧洲杯、世界杯的比赛，夺得更多的奥运积分，在明年1月14日冬奥会报名截止前争取拿到冬奥会入场券。

对于组队以来国家队队员的表现，冬运中心雪车雪橇部部长、雪车国家队领队给予了极高的评价：“我们的队员很有舵手开车的天赋，也不缺乏勇敢精神。雪车项目属于高危运动，运动员受伤在所难免，我们的队员在受伤后不畏惧，在训练中很拼命，更有一股韧劲儿。”雪车项目欧美强国的优势在于他们接触项目的时间长、历史悠久，但我们追赶强国的脚步走得很快，相信经过队员们的不断努力，中国雪车迟早会在世界赛场上占有一席之地。

前途是光明的，道路是曲折的。新建项目，人才稀缺问题毋庸置疑。今年冬运中心开启跨界跨项选材大门，雪车算得上是冬季项目中跨界跨项最彻底的项目，所有队员均是跨项进入国家队。队伍2016年8月在陕西进行了第一次大规模跨项选材，从将近200人中挑选出4人加入国家队。在2017年3月冬运中心全面开启跨界跨项选材大门后，雪车队又进行了两次大规模的选拔。此后，雪车队与上海市体育局共建，从上海田径中心挑选5名运动员试训，进一步扩大了队伍阵容。相关人员表示，跨界跨项选拔人才是雪车项目发展唯一的道路，目前看来选拔确实有效，很多有潜力的田径、重竞技运动员转项加入到队伍中来，壮大了队伍力量；接下来还会进行点对点更有针对性的选拔，为雪车队不断注入新鲜血液。

经过一整个夏天的磨炼，雪车队正整装待发。此次全国雪车锦标赛为即将开始的新赛季预热，期待中国雪车不论在国内的发展还是国际赛场的表现都能创造更多的“第一次”。

（来源：《中国体育报》2017 年 10 月 30 日）

蒙蒂的奥运精神

一位叫作欧金尼奥·蒙蒂的意大利雪车运动员，总共参加了三届冬奥会，获得两金两银两铜共6枚奖牌。不过，与辉煌的战绩相比，蒙蒂更为人津津乐道的是他助人为乐的故事。

在1964年因斯布鲁克冬奥会的双人雪车比赛中，英国组合托尼·纳什和罗宾·狄克森赛前发现自己的雪车上缺了一个螺栓，而缺少这么个小东西无疑会影响选手的比赛。关键时刻，蒙蒂将自己的螺栓借给了这对英国组合。这里有两种说法，一种是说蒙蒂将自己的备用螺栓借给了英国组合，还有一种说法则是蒙蒂将自己雪车上的螺栓取下来借给了英国组合。不管真实情况究竟如何，蒙蒂确实帮了英国组合的大忙。最终，英国组合托尼·纳什和罗宾·狄克森获得了这项比赛的金牌，而蒙蒂和他的队友仅摘得铜牌。几天之后，蒙蒂又和队友获得了四人雪车的铜牌。由于在比赛中帮助对手的无私精神，蒙蒂赛后获得了国际奥委会颁发的象征奥运精神的顾拜旦奖章，他也是这个奖项的首位获得者。

故事还没有结束，到了1968年的法国格勒诺布尔冬奥会上，这位四年前帮助对手夺冠的意大利运动员一举夺得双人雪车和四人雪车比赛两枚金牌，可以说是好人有好报。

其实，蒙蒂首次参加冬奥会是在1956年的科蒂纳丹佩佐冬奥会上，那一年，他分别获得了双人雪车和四人雪车的银牌。

（来源：《北京日报》2021 年 6 月 22 日）

13 雪橇

雪橇小百科

小百科

雪橇（Luge）起源于瑞士及北欧地区。雪橇是运动员双脚在前，仰面躺在雪橇上，并通过变换身体姿势来操控雪橇高速回转滑降的运动。

雪橇比赛所用赛道与雪车和钢架雪车相同，但起点不同。雪橇比赛赛道长度男子1000—1350米，女子800—1200米，道宽最大值1.5米，全程设11—18个弯道。比赛所用赛道坡度需要专门设计，落差在100—150米之间。在运动员出发250米左右的距离后，能够达到80千米每小时的速度。

雪橇橇体由2个橇刃固体、2个橇刃、座板和2个连桥组成。雪橇橇刃和钢体部分在使用前后需要进行打磨，根据气温、冰温和运动员技术水平调整出合适角度。雪橇上没有支撑头部的部分，只有从肩膀到膝盖部位的支撑。单人橇的重量在21—25公斤之间；双人橇的重量在25—30公斤之间。雪橇比赛允许运动员通过配重增加重量，但如果配重超出规定的范围，则会被取消比赛资格。

运动员的比赛服由拉伸材料制作而成，手套材质细腻柔软，上面有尖锐钉子。此外，还要配备比赛专用鞋、头盔等装备。

北京2022年冬奥会雪橇项目在延庆赛区的国家雪车雪橇

小百科

中心进行，将在男子单人、女子单人、双人和团体接力4个项目上产生4枚金牌。

（来源：人民网、北京冬奥组委官网）

冰雪故事

中国雪橇项目驶上快车道

中国国家雪橇集训队2015年刚刚组建，经过刻苦训练，中国雪橇运动员现已踏上世界顶级赛场并有良好发挥。如今，年轻的中国雪橇选手在竞技水平以及对项目理解等方面都取得了长足的进步，他们已经准备好在北京冬奥会上展现中国运动员的风采。

12月3日，范铎耀和中国国家雪橇集训队的队友们一起踏上国际雪橇联合会国家杯索契站的赛场，为本赛季第三站世界杯正赛入场券而努力。上个月在北京延庆国家雪车雪橇中心进行的本赛季首站雪橇世界杯比赛中，24岁的范铎耀脱颖而出，成为首位获得雪橇世界杯正赛资格的中国男子运动员。随后，范铎耀又和队友胡慧兰、黄叶波和彭俊越一起，获得该站世界杯团体接力项目的第九名，创造了中国队在世界杯该项目中的历史最佳战绩。

争取更多比赛机会

北京冬奥会雪橇比赛将于2022年2月5日至10日进行，

共设男子单人、女子单人、双人雪橇及团体接力4个项目，将有106名选手参与冬奥会雪橇项目的角逐。北京冬奥会雪橇项目的资格获取系统规定，每个国家(地区)代表团最多可派出男、女各3名运动员参加单人项目的比赛，双人雪橇项目则最多可派两队双人组合，而参加团体接力项目的运动员必须从已经获得单、双人项目奥运资格的选手中产生。

“接下来还要参加6站世界杯赛，目标是拿到尽量多的冬奥会入场券。”范铎耀说。根据规则，作为东道主的中国队可以自动获得男、女子单人及双人雪橇项目的各一张入场券，若想获得更多席位或达到满额参赛，还需要中国选手在事关冬奥会参赛资格的赛事中付出更多努力。

上个月揭幕的2021—2022赛季国际雪橇联合会雪橇世界杯是争取北京冬奥会入场券的重要赛事。11月21日在延庆的揭幕战刚结束，中国国家雪橇集训队的选手便赶赴俄罗斯索契，参加11月27日—28日及12月4日—5日在那里举行的两站世界杯比赛。在索契进行的首站比赛中，中国队选手王沛宣凭借国家杯的出色发挥闯入了世界杯正赛，并在女子单人雪橇项目中获得第25名。在团体接力项目中，王沛宣和鲍振宇顶替在延庆站获得佳绩的胡慧兰、范铎耀出战，也获得了第9名的好成绩。

目前，范铎耀、鲍振宇等4名选手均位列本赛季雪橇世界杯男子单人积分排名的前50名之内，王沛宣、胡慧兰等4

名女选手也在雪橇世界杯女子单人积分排名前50之列。在接下来德国阿尔滕伯格、奥地利因斯布鲁克等分站赛中，中国队选手的表现值得期待。

年轻选手迅速成长

“中国选手这些年的进步很快，他们的表现让人眼前一亮。”延庆站的比赛后，平昌冬奥会金牌得主、奥地利雪橇名将大卫·格莱舍尔为中国运动员竖起了大拇指。作为一支在2015年才组建的队伍，中国国家雪橇集训队能够在6年时间里登上世界顶级赛场并有良好发挥，着实不易。

“2015年以前，对不少中国人来说，雪橇运动还非常陌生。”国家体育总局冬季运动管理中心相关人员说，“近年来在国际雪橇联合会的帮助下，年轻的中国雪橇选手在竞技水平以及对项目理解等方面都取得了长足的进步，他们已经准备好在北京冬奥会上展现中国运动员的风采。”

2015年，对当时还是一名越野滑雪运动员的黄叶波来说，加入中国国家雪橇集训队前他对这一项目几乎一无所知。经过6年时间的磨砺，他和搭档彭俊越极有希望登上冬奥会的赛场。“双人雪橇项目两个人要配合默契，要根据赛道不同状况迅速做出判断，其中的配合需要长时间磨炼和滑行才能达到效果。”黄叶波说。

长期刻苦的训练是世界顶尖选手成功的秘诀。“对运动员来说，想在雪橇项目中取得进步需要长时间刻苦训练。”格莱舍尔说，“如果让我为中国选手提出建议，那么首先就是继续不断刻苦训练，尽可能在更多的赛道滑行更多的轮次，这个项目的技术需要不断打磨才能把时间一点点缩短。将这些做好，我觉得中国选手很有希望。”

未来发展前景广阔

北京冬奥会时，钢架雪车、雪橇和雪车3个分项的比赛都将在延庆赛区的国家雪车雪橇中心进行。“这是一份很好的冬奥礼物。”前来考察的国际雪橇联合会主席埃纳斯·弗格力斯对这条昵称为“雪游龙”的赛道赞不绝口。

对中国雪橇运动发展来说，拥有一条属于自己的赛道格外重要。在国家雪车雪橇中心建成之前，全国冬运会雪橇项目、全国雪橇锦标赛等国内雪橇赛事不得不前往国外赛道进行。

“‘雪游龙’是一条世界级的赛道。”国际雪橇联合会秘书长德怀特·贝尔将目光着眼于冬奥会之后的发展，“国际雪橇联合会一直是冬奥会赛道的‘回头客’，我们今后也非常愿意继续在延庆的赛道举办比赛，不只是世界杯，也包括其他洲际赛事，我们将共同推动雪橇运动在这里更好地发展。”

格莱舍尔建议，推动雪橇运动快速发展，同样需要抓住举办冬奥会这一良好机遇。“与世界杯、洲际赛等比赛相比，冬奥会对雪橇运动来说是更加广阔的平台，而且也会有更多的电视转播，中国运动员需要争取更好的成绩，吸引更多的关注，推动雪橇项目更好地发展。”格莱舍尔说。

在贝尔看来，中国已具备了发展雪橇运动的良好条件，“这里拥有高水平的教练，也拥有顶级的赛道和设施，在短时间内组建起富有竞争力的队伍，我感到很惊讶。”贝尔说，“国际雪橇联合会始终是中国坚定的伙伴，今后将在推动雪橇运动发展方面与中国开展进一步的深度合作。”

（来源：《人民日报》2021 年 12 月 6 日）

连续六届冬奥会获得奖牌　佐格勒不老有秘诀

2014年2月9日晚，索契冬奥会无舵雪橇男子单人项目结束，获得季军的意大利选手阿尔明·佐格勒站在了和20年前相同的位置上。凭借着这枚铜牌，佐格勒成为冬奥会历史上第一位在同一项目上连续6届获得奖牌的运动员。

1994年2月14日，佐格勒还留着摇滚明星一般的长发，在挪威的利勒哈默尔，当时年仅20岁的他准备开始自己的首个冬奥会之旅。佐格勒在那届比赛中的表现不错，登上了第三名的领奖台。

从利勒哈默尔，到长野、盐湖城、都灵、温哥华，再到今年的索契，每一届冬奥会的领奖台都给佐格勒留下一个位置。不同的是，如今已经年满40岁的佐格勒早已不是当年那个长发飘飘的小伙，一头短发和一脸沧桑记录下他20年奥运生涯的风风雨雨。

20年间始终保持在竞技水平的高峰，佐格勒的秘诀，可以从他的绰号中窥得一些。“冷血冠军”是其他运动员送给佐格勒的绰号，因为他在准备比赛时永远是那么冷静、理性且一丝不苟。20年来，佐格勒几乎每天都要花5小时训练，除此之外，他还要研究制造雪橇的钢架以及冰面，并做足身体和心理上的准备。

作为一名运动员，佐格勒自然经历过每一名运动员都会经历的成长、高潮与下滑。1994年的利勒哈默尔，排在他前面的有哈克尔和普洛克两座大山。1998年的长野，挡在佐格勒身前的只剩哈克尔一个人。而在接下来的盐湖城和都灵，正值巅峰的佐格勒终于站在了最高领奖台上。4年后的温哥华和8年后的索契，冉冉升起的21岁新星罗赫取代了佐格勒的位置，但已经走下坡路的佐格勒依旧获得了两枚铜牌。6届冬奥会，6枚奖牌，佐格勒的崛起如此迅速而滑落如此缓慢，不是偶然。

（来源：《人民日报》2014 年 2 月 12 日）

14

越野滑雪

小百科

越野滑雪小百科

越野滑雪（Cross-Country Skiing）起源于北欧，又称“北欧滑雪”。它来源于人类生存和适应自然环境的需要。在俄罗斯发现的绘画作品中，出现了几千年前猎人们在冰天雪地中脚踩滑雪板追赶猎物的场景。在那个缺少高效交通工具的时代，滑雪狩猎是劳动人民创造出的重要的打猎方式。

关于越野滑雪的起源，还有个有趣的传说。1226年挪威内战时期，有两名被称为“桦木腿”的侦察兵，怀里抱着两岁的王子哈康四世，滑雪翻越高山，摆脱了敌人的追赶，为挪威皇室血脉的延续立下汗马功劳。士兵们的英勇举动深深打动了挪威人民。为了纪念两名士兵的壮举，现在挪威每年还举行越野马拉松滑雪比赛。

15世纪开始，在北欧一些国家，越野滑雪被用于战争。随着时代的变迁，越野滑雪的军事功能已逐渐消退，并演变成了竞技运动。18世纪，挪威举办了越野滑雪比赛；19世纪，第一个向普通民众开放的越野滑雪比赛举行；在1924年首届冬奥会上，越野滑雪被列为正式比赛项目。

小百科

越野滑雪是借助滑雪器材，运用交替滑行、双杖推进、八字踏步、转弯、蹬雪而行等基本技术滑行于山丘雪原的运动项目。越野滑雪比赛涉及两种技术：传统技术和自由技术。传统技术的赛道需压制专用雪槽，两个滑雪板放入雪槽内，并保持与滑行方向平行。传统技术比赛中不允许有单脚或双脚蹬雪滑行的动作，运动员利用雪杖的推撑向前滑行。自由技术包括全部的越野滑雪技术，其赛道没有雪槽，自由滑雪板机动性更强。自由技术比赛没有对蹬雪动作的限制，以向两侧发力为主。

越野滑雪的场地一般选择地形复杂多变的区域，上坡、下坡和波状起伏路段，各占赛道全长的三分之一。为适应变化的地形，运动员将滑雪靴前端固定在滑雪板上，以便把控方向、速度与平衡。

越野滑雪的装备主要包括滑雪板、固定器、滑雪杖、滑雪靴、滑雪服和护目镜等。

越野滑雪也被称为“雪上马拉松”，它是对运动员身心的挑战，在漫漫征途中，无论身体多么疲劳，也要保持头脑

小百科

清醒，这样才可能赢得比赛的最后胜利。

北京2022年冬奥会的越野滑雪比赛将在张家口赛区举行，共产生12枚金牌。

男子项目	女子项目
双追逐	双追逐
个人短距离	个人短距离
15公里	10公里
4×10公里接力	4×5公里接力
团体短距离	团体短距离
50公里集体出发	30公里集体出发

（来源：北京冬奥组委官网）

冰雪故事

越野滑雪队教练李晓明：不该被忘记的冬奥传奇

当记者见到中国越野滑雪队教练李晓明的时候，已经是当地时间下午5点。因为中国队要参加比赛，李晓明从清晨一直忙到现在，由于没有专职的打蜡师，所以给队员打蜡、磨板的工作都需要他亲自上阵。“人家俄罗斯有25个专职打蜡师，哪有一个队伍像我们一样，是教练员去打蜡的。”李晓明有些无奈地说。

在昨天进行的越野滑雪短距离比赛中，中国队的 4 名队员都没能晋级决赛，两名女将李宏雪和带病出战的满丹丹在资格赛中就被淘汰出局，男选手许文龙在比赛中摔倒没能获得比赛成绩，成绩最好的孙清海也在第二轮淘汰赛中位列小组最后一名。对于队员的表现，李晓明表示还算满意，“算正常吧，咱们的水平也就是这个样子。”

越野滑雪是冬季奥运会的基础大项之一，冬季两项和北欧两项也都是在越野滑雪的基础上衍生而来。

李晓明是中国越野滑雪的传奇人物，他1980年首次代表中国参加冬奥会冬季两项的比赛，从运动员到教练员，34年来，他几乎参加了所有的冬奥会。他说："这届中国代表团里参加过1980年冬奥会的也就只有我。"然而就是这样一位中国越野滑雪的元老级人物，记者却只能寻找到他一些零碎的信息，甚至连完整的个人资料都很难找到。

这几十年间，李晓明一直投身于中国越野滑雪项目。然而时至今日，中国队的成绩也让他感到有些沮丧，"现在的成绩相比1980年我参赛的时候还是有进步的，但是进步的幅度太慢。"的确，34年的时间，让中国在许多优势项目上已经成就了多次的辉煌，而越野滑雪依然徘徊在各个大赛的决赛之外。李晓明说："现在中国越野滑雪与其他国家的差距是全方位的，从滑雪文化、训练水平甚至政策扶持，都有差距，并不是某一方面改善了就能提高成绩，各方面综合起来产生的差距还是很大的。"

同时，中国越野滑雪后备人才紧缺更让李晓明着急。他说："现在的孩子大部分都是独生子女，相比练习体育，家长更愿意让孩子好好学习。很多孩子因为学习成绩不好，家长没办法才送去练体育。我感觉现在中国越野滑雪的后备力量正在逐步萎缩，现在业余体校都很难招到生源。"此次冬奥会，中国越野滑雪队一行只有5人，是除了雪上技巧之外人数最少的队伍，而且4名队员几乎都要兼项参赛。昨天许文龙在比赛中摔倒就让李晓明惊出一身冷汗，还好伤势不太严重，否则没有替补队员的中国队将无法继续参加男子团体的比赛。

除了运动员的匮乏，中国越野滑雪的教练员更是“稀缺资源”。索契冬奥会，只有李晓明一位教练，所以不论男、女，长距离、短距离，他都要一肩挑。而国外的高水平运动队在大赛期间都会根据运动员的性别和项目分开训练，保证训练的水平和针对性。李晓明说：“现在全国也就是八一队和东北三个省有一些教练，总数也就10多个人吧。”

李晓明从22岁开始参加冬奥会，他将全部的心血都花在了中国冬季越野项目上。

采访结束以后，记者为李晓明和他的队员孙清海拍了张合影，结果发现由于操作失误，整个照片曝光过度。也许这个遗憾再也没有机会弥补，这可能是网络上能搜索到的他唯一一张面带微笑的照片，如果不算网上那寥寥几张他远远的身影。中国越野滑雪需要更多的“李晓明”，这张饱经风霜的面孔不应该被中国越野滑雪所忘记。

（来源：人民网，2014 年 2 月 12 日）

越野滑雪国家集训队打蜡师：雪道上的“幕后英雄”

手持雪杖，脚踏雪板，矫健身影在蜿蜒赛道上疾驰而过。2021年2月初，在甘肃白银国家雪上项目训练基地，全国越野滑雪锦标赛刚刚落幕，全国越野滑雪冠军赛正在进行。比赛前，零下10摄氏度的训练基地一片静谧，此刻有个身影在赛道上飞驰起落，是谁？

急刹车、摘雪镜，23岁的王啸露出笑容，比出一个肯定的手势：“速度快，稳定性也好。”3年前他从网球跨项转到越野滑雪，而后经选拔成为越野滑雪国家集训队打蜡师。每逢重要赛事，王啸总要试滑自己打过蜡的雪板，看看雪板速度快慢、打滑与否。

雪板打蜡看似不起眼，其实能直接影响比赛成绩。中国越野滑雪国家集训队领队张蓓说，顶级越野滑雪运动员在能力相差无几的情况下，打蜡的好坏会直接影响运动员水平的发挥。打蜡师就像“幕后英雄”，有时甚至会成为决定胜负的关键。目前，越野滑雪国家集训队打蜡团队共有3名成员，王啸、王一涵和他们的外教老师——来自挪威的打蜡师泰利尔·朗格里。

走进越野滑雪国家集训队打蜡房，这间不到10平方米的小屋里，地上摆着、墙上挂着长短不一的雪板。凑近瞧，板底的纹理也各有千秋，横条状、竖条状、螺纹状……“一副雪板需要经过清板、晾板、熨板、刷板、选蜡等多项程序，最多时要打蜡七八遍才能符合高强度比赛要求。”王啸说，打蜡师需根据雪温、雪质、空气湿度和赛场天气状况，选择最合适的雪板和蜡材，帮助运动员在赛场上发挥出最佳状态。

此次到甘肃白银国家雪上项目训练基地参赛的运动员有39人。“需要准备大约80副雪板，如果当天既有自由技术又有传统技术比赛，工作量会更大。”王啸说，为了完成任务，比赛期间打蜡团队工作到凌晨三四点是常有的事。

越野滑雪在国内起步较晚，专业打蜡师比较缺乏。据了解，在一些越野滑雪运动强国，运动员与打蜡师的配比高达2∶1，基本上每两名运动员就有一名专职打蜡师协助。张蓓说，从国外聘请资深打蜡师，就是希望能尽快培养出本土的优秀人才。“喜爱越野滑雪运动、具备滑雪背景和专业滑雪知识的人，就有望成为优秀的打蜡师。”泰利尔·朗格里说，青少年对冰雪运动的热情不断增长，相信越野滑雪项目在中国发展潜力很大。

“我会全力以赴学习打蜡技术，为运动员做好服务，帮他们在冬奥赛场滑得更好、更远。”奥运梦串起每个人的梦想，王啸也走在自己的逐梦赛道上。

（来源：人民网，2021 年 2 月 5 日）

冬奥会六届元老卡特里娜-纽曼诺娃

历史上只有5位越野滑雪运动员出战过六届冬奥会，捷克的卡特里娜–纽曼诺娃便是其中之一。

年少时纽曼诺娃曾醉心于皮划艇和高山滑雪速降赛，16岁的时候才改练越野滑雪，不到两年的时间，她便迎来了首次奥运之旅，代表当时的捷克斯洛伐克参加1992年阿尔贝维尔冬奥会。当时18岁的她并无夺牌压力，只是想多增加些大赛经验。尽管如此，她还是在五项比赛中四度亮相，并随后参加了接力比赛。

两年后的利默哈默尔，纽曼诺娃再度登上了冬奥会的舞台。那届冬奥会上，她的最好成绩是10公里赛的第6名。在夏季训练中的纽曼诺娃，习惯利用山地自行车加强腿部力量，而当山地自行车在1996年亚特兰大奥运会首度被列为正式比赛项目时，纽曼诺娃决定参加该项比赛。尽管在比赛中曾摔倒过，但她最终排名第18位，在两名捷克运动员中成绩最好。虽然此后纽曼诺娃对于山地自行车项目更加认真，但她的主项仍是越野滑雪，并在1998年长野冬奥会上收获了个人首枚奥运奖牌。当时女子5公里的比赛在暴风雪中艰难进行，纽曼诺娃最终收获银牌，与第一名俄罗斯人拉里萨・拉祖金娜的差距在5秒以内。一天后，在以5公里赛成绩决定出发顺序的10公里追逐赛上，纽曼诺娃收获了第二枚奥运奖牌。比赛中，她不断努力仍未能缩小与拉祖金娜间5秒的差距。在最后阶段，纽曼诺娃又被奥尔加·丹尼诺娃超越，最终获得了铜牌。

2002年，纽曼诺娃迎来了自己的第四届冬奥会，她在盐湖城收获了两枚银牌，分别是女子15公里集体出发和女子5公里自由式+5公里古典式追逐赛。

纽曼诺娃最好的一次奥运表现是在2006年都灵冬奥会。33岁的她在自己最后一届冬奥会上，剑指冠军奖牌，在改制后的15公里追逐赛中，她四度夺银，在2月24日的奥运决赛中，纽曼诺娃与其他两位选手形成鼎立之势，最终捷克人率先冲过终点，比第二名快了1.4秒。纽曼诺娃成为该项目最年长的奥运冠军，并且是捷克首位获得奥运金牌的女运动员。

卡特里娜-纽曼诺娃6次奥运之旅，总共斩获了一金四银一铜6枚奥运奖牌。

（来源：央视网，2018 年 2 月 6 日）

15

自由式滑雪

自由式滑雪小百科

小百科

自由式滑雪从20世纪中叶开始首先在美国发展起来，90年代开始陆续被列入冬奥项目，由双板完成。

随着项目的发展，形成了6个小项，不同小项各具特色。

空中技巧的场地由助滑坡、过渡区、平台区、跳台、着陆坡和停止区组成。运动员需完成腾空、空中动作、着陆三个部分的动作，裁判按照这三部分的完成度来打分，三部分分数相加乘难度系数为最后得分。

雪上技巧的场地多建在陡峭的斜坡上，场地长200—270米，宽15—25米，坡度为24—32度。斜坡上设置许多密集的雪包，沿赛道上下分别设有两处跳台。裁判以回转动作和空中动作质量分，以及运动员完成比赛用时换算成的分数相加评定名次。

障碍追逐在包含有回转、跳台、波浪和其他形式地貌的赛道中进行，赛道长度800—1300米，垂直落差140—260米，坡度5—22度，场地中设有旗门。该项目用计时来确定运动员名次。

U型场地技巧比赛在U型雪槽中进行，雪槽的长度为150—170米，宽度为19—22米，槽的深度为6.7米，坡度为17—18度。运动员用自由式滑雪技巧完成空翻、转体、抓板

小百科

等技术动作，裁判员依据整体动作完成质量对运动员的整体滑行表现进行评价。

坡面障碍技巧赛道地形复杂，包括坡面、跳台、轨道、平台等设置。场地道宽30米，垂直落差最小150米，斜坡平均角度在12度以上。该项目要求运动员完成比赛的时间不少于20秒。

大跳台是北京冬奥会新增项目。运动员可采用顺滑、倒滑两种姿势，到达斜坡尽头处腾跃，完成空翻、转体、抓板等技术动作组合。

北京2022年冬奥会自由式滑雪项目中的大跳台比赛在北京赛区进行，其余小项在张家口赛区进行，共产生13枚金牌。

（来源：人民网、央视网、北京冬奥组委官网）

冰雪故事

中国第一个世界滑雪冠军，有了新使命！

因为到过山顶，所以明白登顶的艰辛；因为跌过谷底，所以珍惜重返的勇气。

郭丹丹，中国第一个世界滑雪冠军，就是这样一个经历过山顶和谷底的人。

17岁那年，她以女子难度系数最高的B46动作一战成名，赢得了中国滑雪项目在世界性比赛中的首枚金牌。

18岁，她出征冬奥，为完成高难度动作，意外受伤，原本可以因伤退赛，但她却坚持完成。赛后，连她自己都不敢相信，她的伤被诊断为右脚骨折、左脚脚筋断裂。尽管无缘奖牌，但所有人都为她起立鼓掌。这次比赛之后，她的身体条件也渐不如前。21岁，怀着对冬奥的遗憾，她退役离场。

“刚离开冰雪的那段时间，我很是低落，没人敢在我面前提这两个字。”说这话的时候，郭丹丹的脸上浮现出一丝感伤。她不信自己除了滑雪什么也做不好，为此，她卖过服装、开过洗衣店。本以为日子就这样过下去了，故事却在2002年的冬天有了转机。

那年，郭丹丹的老师——我国首位滑雪项目全国冠军单兆鉴正为河北崇礼发展大众滑雪招贤纳士。在他的坚持不懈和鼓励之下，郭丹丹心底的火苗又被点燃了。

雷厉风行的她，拿了两件衣服、揣着五百块钱就来到了崇礼塞北滑雪场。刚到时，简陋不堪的滑雪场连基本的日常洗漱都无法保证，郭丹丹咬着牙坚持。来滑雪的人也很少，直到一个周六的凌晨，雪场开来了一辆大巴，下来一群滑雪爱好者……

“我才发现，站在最高的领奖台上并不是我的终点，而是另一个起点。和雪友们在一起，我仿佛找到了第二个使命。”郭丹丹开始全身心地投入大众滑雪推广中。

除了在雪场教学，她还走进校园，给孩子们讲述冰雪运动的故事。虽然一开始免不了吃“闭门羹”，但现在已有不少学校抢着邀请她去宣讲。当然，其中的难处不言而喻。

“我们的推广都是公益的，经常为了一个活动忙得几天都不能合眼，有时候也会怀疑自己这样做到底值不值得。但我舍不得偷懒，因为孩子们都那么喜欢我，看到他们清澈的大眼睛觉得一切都值得了。”说完，她俏皮一笑，露出了孩子般灿烂的笑容。

在推广冰雪运动的路上，郭丹丹知道，一个人毕竟势单力薄，于是想到了同是冠军的同行们。“没想到，我一发号召，他们说，我们都支持你！”此后，体育明星冠军滑雪队陆陆续续有80多位成员加入。

说起这些事，她又笑了。这也是郭丹丹给记者留下印象最深的表情，不论是说起受伤的经历，还是推广冰雪时的感动，她永远都是激情四射、笑容满面。

如今，离北京2022年冬奥会越来越近，作为一名冬奥宣讲团成员，她的工作日程满满当当，用郭丹丹自己的话说，“日子都是一天当三天用，每天不是在宣讲，就是在去宣讲的路上！”同时，成为一名冬奥火炬手也成为她努力的目标。

或许我们曾因她为国争光而欢呼，但更值得关注的则是这笑容背后的坚毅执着。退役18年来，她并没有因伤痛而沉寂，而是脚踏砾石、披荆斩棘，为自己开辟了一条新的征途，在推广冰雪运动的新赛道上培育出一朵朵梦想之花。

“始于冰雪，勇担使命，未来的日子里，我依然会身体力行，让更多的人了解冰雪运动、热爱冰雪运动。”接受采访时，她的眼里闪着坚毅的光。

（来源：人民网，2021 年 12 月 17 日）

谷爱凌:“我愿成为一座桥梁”

“我愿成为一座桥梁。”刚刚获得世界极限运动会X Games冬季赛两枚金牌、一枚铜牌的中国自由式滑雪运动员谷爱凌31日在电话专访中告诉记者。

17岁的谷爱凌出生于美国旧金山，母亲是中国人，父亲是美国人，能说流利的汉语和英语，2019年正式代表中国队参加各项赛事。当时，这一决定震动了美国体育界。

谷爱凌说，促使她做出这一决定的直接原因是，她在2019年得知中国将大力普及群众性冰雪运动作为一项政策，决心通过举办北京冬奥会和冬残奥会，提升中国的冰雪运动特别是雪上运动的成绩，提出“带动三亿人参与冰雪运动”，推动建设体育强国。

谷爱凌说，她认为自己的成功可以鼓励成千上万的中国人参与滑雪运动。考虑到这一潜在的巨大影响力，她毫不犹豫地做出了选择。她认为，自己可以成为冰雪运动与中国女性之间的桥梁，让更多中国女性投入到这项运动中。她也可以成为中国和美国之间的桥梁，让两国冰雪运动爱好者和普通人更好地理解对方，毕竟体育运动是全世界共通的语言。

“我会中文和英文，每年夏天在北京度过，所以我也了解中国文化和美国文化。对我而言，这两个部分构成了一个整体。”谷爱凌告诉记者，这些想法源自她的外祖母。这位已经85岁的北京女性教会了她很多东西。

“她真了不起。”谷爱凌在专访中多次提及自己的外祖母，“她是无敌的，她超级健康，现在每天坚持跑一英里！”

谷爱凌说，外祖母是她的榜样，她向自己展示了女性的力量和决心。在这种精神的鼓舞下，她曾在美国高中向400名学生发表了演讲，主题就是关于女性平等。

谷爱凌将自己在比赛中取得的胜利归结于外祖母一直以来教导她的话——“竭尽全力，做到最好”。她告诉记者，在本次参赛期间，她每天都会通过线上方式和外祖母联系，感觉外祖母就在身边一样。

正是听从了外祖母的建议，身为学霸的谷爱凌决定提前从高中毕业，全力备战北京冬奥会，并计划在2022年秋天去斯坦福大学就读。或许也是受到外祖母的影响，在聊到本次比赛后全球媒体对她的赞誉，谷爱凌说：“我要非常低调……我对收到的所有爱，深表谢意。”

X Games是全球极限运动中水平最高、影响力最大的盛会，受邀运动员均为相应项目的世界顶尖选手，竞争异常激烈，特别是每年一度在美国科罗拉多州阿斯本举行的冬季极限运动会，竞技水平、观众人数和商业价值均很高。1月29日、30日两天，谷爱凌在她参加的全部三个单项比赛中取得两金一铜，成为这项赛事历史上首位第一次参赛就取得如此佳绩的选手。她于1月29日获得的X Games超级U型场地项目冠军，也是中国运动员首次在这一世界顶级赛事中夺冠。

谈到比赛，谷爱凌认为训练方案是关键，即使在赛事期间，她每天也要进行8.5小时的训练，这使她的技巧更加纯熟，并给了她充分的信心。这一策略成果丰硕，她说："我经历了两种类型的紧张感，一种来自比赛，这是我第一次参加X Games运动会；另一种来自如何更好地展现我的能力，而忙碌的练习帮我减轻了一半的紧张感。"

美国体育媒体认为，谷爱凌的目光早已投向2022年在她母亲家乡北京举行的冬季奥运会。她告诉记者，当初决定代表中国参赛并不容易，要赢得冠军更不容易，但她希望成为冰雪运动的使者，或者榜样，她会"竭尽全力，做到最好"。

（来源：新华社，2021年2月1日）

图书在版编目 (CIP) 数据

冰雪故事会 / 任初轩编 . -- 北京 : 人民日报出版社， 2022.1
ISBN 978-7-5115-7232-5

Ⅰ . ①冰… Ⅱ . ①任… Ⅲ . ①冬季奥运会—北京—通俗读物
Ⅳ . ① G811.212-49

中国版本图书馆 CIP 数据核字 (2021) 第 266613 号

书　　名：冰雪故事会
BINGXUE GUSHI HUI
编　　者：任初轩

出 版 人：刘华新
策 划 人：欧阳辉
责任编辑：宋　娜　谢广灼　万方正　刘思捷
装帧设计：金刚设计

出版发行：人民日报出版社
社　　址：北京金台西路 2 号
邮政编码：100733
发行热线：（010）65369509　65369527　65369846　65363528
邮购热线：（010）65369530　65363527
编辑热线：（010）65369521
网　　址：www.peopledailypress.com
经　　销：新华书店
印　　刷：北京中科印刷有限公司
法律顾问：北京科宇律师事务所　010-83622312

开　　本：880mm × 1230mm　1/32
字　　数：120 千字
印　　张：6
版次印次：2022 年 1 月第 1 版　2022 年 1 月第 1 次印刷

书　　号：ISBN 978-7-5115-7232-5
定　　价：39.00 元